比

更關鍵的
留白
溝通術

谷原誠
林詠純 譯

● ● ● ● ● ●

「沈黙」の会話力

急著開口
反而錯失機會，
掌握「對話中的沉默」
才能掌握人心！

目錄

CONTENTS

推薦序　恰如其分的沉默，是創造良好溝通的必要留白　劉奕酉　8
留白，其實很豐富　歐陽立中　13
有時候，沉默才是最適當的語言　蘇書平　19
前　言　有個瞬間解決人際困擾的技巧，那就是……　24
……

01 沉默如何控制人心？——贏得注意、升高期待與烙下印象
不是所有事情都該說出來　28

某本書暢銷的意外原因 35
最高明的搞笑，是在靜默不語的瞬間 40
創造無聲狀態，能吸引最多注意力 43
賈伯斯為何在產品發表會沉默七秒？ 46
說完核心語句，立刻停頓下來 50
停頓是埋哏的關鍵助手 53
無聲的承諾vs.有形的保證 55
運用沉默爆紅的電視節目 58
宮本武藏靠著掌握節奏，在決鬥中獲勝 61
解讀與創造「留白」的能力 66
靠沉默掌控人心的五個關鍵 69

02
沉默如何扭轉情勢？——避免衝突、達成銷售與創造影響
寡言的人也可以擅長交涉 72
運用沉默讓對方自爆 74

應對憤怒的絕佳策略 80
靠「不說話的營業術」成為銷售第一 84
廣告文案裡的醞釀技巧 90
這裡列出本書最重要的部分 95
對方的沉默不一定代表同意 98
不靠語言溝通造成的影響 102
避免節奏失誤的「白目對話」 104
對話中斷不代表「不合拍」 109
導致夫妻失和的爭執原點 113
提高「好感餘額」和「信賴餘額」 116
靠沉默改變情勢的五個關鍵 119

03
有效結合沉默與行動——從控制距離到運用心理技巧

別人對你說的話，只相信七％？ 122
勝負在開口前已經分曉 127

留意動作的快慢與幅度 130
不可忽視服裝的力量 134
善用「月暈效應」打造影響力 137
行動與情緒也有「慣性定律」 140
利用與對方的距離來控制雙方關係 143
傾聽時的NG細節 146
不推銷產品，要推銷體驗 151
透過心理技巧，架設通往對方內心的橋梁 153
用沉默強化行動的五個關鍵 157

04 沉默後的能量爆發——高效提問的QAS鐵則

「QAS鐵則」是什麼？ 160
提問的四種力量 163
透過提問達到六個效果 168
利用容易回答的問題，引導對方說出資訊 173

用「好問題」博取對方的好感 177
利用提問限制對方的回覆 179
小心5W1H中的惡魔 183
嚴禁濫用！誘導式提問的驚人力量 187
「好問題」能夠培養人才 192
積極的會議氛圍就靠提問來打造 195
沉默後讓提問更有力的五個關鍵 198

05 開口交涉的祕訣——在提問與沉默後影響對方的語言力量

好的溝通始於沉默之後 202
如何讓對方聽你說話？ 205
靜靜傾聽就能「驅動他人」 208
給對方時間思考，事情更能順利發展 212
威力不同凡響的「交叉逆擊說話術」 215
傳達無論如何都說不出口的話 218

反駁先從同意開始 221
寫給依然害怕沉默的你 225
閉口不言的風險 228
打造創造性的解決策略 229
沉默後讓問題迎刃而解的五個關鍵 232

......

參考文獻 234

推薦序

恰如其分的沉默，是創造良好溝通的必要留白

劉奕酉（職人簡報與商業思維專家）

無論從事什麼職業，只要需要與他人互動、合作的工作，溝通力都是不可或缺的技巧。透過傾聽、提問來獲得更多的資訊，我們得以了解對方的背景、理解他的想法，然後組織讓對方容易聽懂的對話，就能大幅提升溝通的品質。

身為一位商務簡報顧問，在為企業解決問題時，我發現不少人對於「溝通」存在著一種迷思：能言善道的人才能做好溝通。事實上，這句話只對了一半。

懂得沉默，才能掌握溝通的節奏與品質

能言善道或許有助於溝通，但不代表一定是溝通好手。無論是簡報、表達或溝通，都是一種雙向的溝通；要讓溝通有成效，關鍵就在於懂得建立連結、掌握節奏。

透過提問、對話來與對方建立連結，是相當常用的方式。但是，多數人不知道的是，除了提問與對話的技巧之外，「沉默」也扮演了重要的角色。

可是，我們害怕在對話時沉默。

對話時沉默，好像會讓人覺得心情不好、很難溝通；更別說站在台上沉默時，全場寂靜的尷尬感，真的讓人很想找個洞鑽進去！為了避免陷入那種窘況，於是我們總是在說話，但是溝通並沒有因此而更順暢。

「沉默不是問題，問題是不懂得沉默。好的溝通，往往始於沉默之後。」

唯有透過提問與沉默理解對方後，才能藉由對話建立更良好的關

係、產生好的溝通結果。這本書所要探討的，就是如何發揮沉默的力量？要能讓沉默與提問、對話結合，又該如何做好提問與對話？

善用發言前後的沉默，創造柴嘉尼效應，牽引聽眾的情緒

「我等這一天，等了兩年半。」

賈伯斯在 iPhone 的產品發佈會上說完這句話作為開場，沉默了足足七秒，然後……就如同大家所知道的，這是一場非常成功的演說，也開創了智慧型手機的新時代。

在賈伯斯的演說中，時常使用沉默、停頓來抓住現場觀眾的注意力。

事實上，高明的演說者懂得運用「沉默」創造出對話中的留白，掌控著節奏、牽引著對方的情緒，來創造出令人印象深刻的時刻。

像是美國非裔人權運動領袖金恩牧師以「我有一個夢想」（I have a dream）作為開場的一場演講、前美國總統歐巴馬在總統大選的勝選演說中，不斷地重複「我們做得到！」（Yes, we can!），並在說完後立

刻沉默，加深聽眾的印象。

懂得沉默，就掌握了聽眾的情緒。為什麼呢？這與「柴嘉尼效應」有關。

電視節目總是在精彩的時候進廣告，讓觀眾產生期待感；在追劇時總是在結尾時引發新的事件，透過預告透露一些內容，讓觀眾更想看下去，就這樣不自覺地看完全部。這就是「柴嘉尼效應」的作用：比起完整的事情，人往往更容易記住無法達成的事情或中斷的事情。

所以，如果想透過對話吸引對方注意，可以先賣個關子，然後保持沉默。這麼一來，對方就會因為想要知道答案，而專心聽我們說話。

在對話中懂得沉默的溝通，提升彼此的好感餘額與信賴餘額

多數人會覺得串聯人際關係的是對話。如果對話陷入中斷或沉默，就代表人際關係沒有建立，會有「總得說些什麼才行」的想法，這是對沉默的一種誤解。

我們非但不該迴避沉默，更應該主動運用沉默來理解對方的想法，同時也讓對方聽懂自己的話。

第一印象在初次見面後的六到七秒就會決定。

我們的服裝、舉止，與對方保持的距離都會影響接下來的溝通成效，這是沉默時的溝通，也是一種錨定效應。通常，沉默時的溝通帶給對方的影響比說話更強烈；所以，沉默不是不說話就好，而是懂得運用肢體語言來做好無聲的溝通。

如果想要讓對方產生採取行動的意願，在對方思考想像時，我們也必須保持沉默。當對方不安、焦躁時，也能透過刻意放緩節奏的方式，引導對方配合自己的節奏，幫助對方變得冷靜。如此一來，就能建立更良好的關係，提高彼此的「好感餘額」與「信賴餘額」。

沉默不可怕，只要有效利用。相信這本書可以帶給你不少啟發。

推薦序

留白，其實很豐富

歐陽立中（Super教師、暢銷作家）

想像一下，如果你是老師，上課鐘響，你走進教室，發現學生聊天的聊天、嬉鬧的嬉鬧、還有幾個在吃東西。你根本無法上課。這時候，你會怎麼辦？現在，你有三個選擇：

第一種，對著全班大喊：「給我安靜！課本拿出來！」

第二種，冷靜地對全班說：「這是上課該有的樣子嗎？」

第三種，站上台不說話，盯著全班看。

普通老師會選第一種，因為出聲制止，是人的直覺反應，也證明自己有在管。只是通常，學生會安靜一下，接著又故態復萌。

有經驗的老師會第二種，因為他們知道，跟他們大聲只是同頻共振。透過冷靜的提問，才能讓學生意識到自己的失當。

但最厲害的老師，會用第三種，因為他們深諳「留白的力量」。他們站上台，不說話，冷冷地往台下看去。學生看見老師了，他們預期老師會出聲制止。沒想到，老師不說話。幾秒後，有學生發現不對勁了，說：「噓！快回座位啦！」「老師在生氣了！」「東西收起來啦！不要吃了。」

其實，你只是不說話。但正因為不說話，學生有無限想像空間。他們覺得你在醞釀火山爆發的情緒，空氣裡瀰漫著硫磺味。所以趕緊給彼此發出火山爆發警報，免得釀成嚴重災情。你兵不血刃，靠著留白，拿下了江山。

留白藝術的三個層次

《比對話更關鍵的留白溝通術》是溝通說服的「孫子兵法」。道理看似簡單，但皆是奇謀，出人意料，卻入人意中。

我相信很多人看到書名，第一個念頭一定這麼想：「喔！留白就是不說話啊！這麼簡單，還要你教？」我先坦承，自己一開始也是這麼想的，直到我讀完這本書，才發現「留白，其實很豐富」！

為什麼會這麼說呢？因為這本書最有意思的地方，就是它的溝通不侷限在日常對話，而包含：講者對聽眾的溝通、作家對讀者的溝通、企業對用戶的溝通。有了豐富的溝通情境，那留白的藝術也跟著有了層次。我最喜歡書裡提到的三種留白：

一、留白是「懸念」

怎麼樣的書會暢銷？內容好當然是必要元素，但還有個關鍵常被忽略，就是：書名取得好。書裡提到一本書叫做《叫賣竹竿的小販為什麼不會倒？》，你看到這書名的第一個念頭是什麼？腦中是不是浮現「對耶！為什麼」呢？

其實，書名我只講了一半，完整書名是《叫賣竹竿的小販為什麼不會倒？——你一定用得到的金錢知識》但如果沒有前面那個提問，後面那句書名就不夠吸引你。

所以留白就是「懸念」，先不把話說完，而是給道問題、賣個關子，讓對方的好奇心飛一會兒，再氣定神閒地告訴對方答案。這個技巧，我在寫作時也常用到，比方說我有幾篇在網路上很紅的文章：〈你需要的不是時間管理，而是……〉、〈如何跟高手玩在一起？〉也都是用了留白技巧。

二、留白是「節奏」

過去，我們形容一個人口才好，會說「辯才無礙」、「口若懸河」、「能言善道」。但若你真的聽這些人滔滔不絕試試，我跟你保證，一！

定！很！累！

為什麼？因為他們只顧著展現自己說話的流暢，卻沒有顧慮你聽講的舒適。就像你讀文章一樣，如果整篇文章沒有逗點和句點，你讀得下去嗎？肯定不行，因為逗點和句點就是控制行文的節奏，讓你用最舒服的姿態閱讀。

同樣道理，口若懸河是很厲害，但適度留白才是境界。美國總統林肯，在說重要的事情前，會沉默一陣子再開口；金恩博士說完「I have a dream」後，停頓；歐巴馬堅定說出「Yes, we can!」後，停頓。他們不是忘詞，而是對節奏的完美掌控。

三、**留白是「傾聽」**

你回想一下，你最喜歡和誰聊天？是老愛說自己事的人？還是對你說的事有興趣的人呢？一定是後者，對吧！不過這世界很弔詭的就是，大多數人都在說，卻很少人在聽。

這本書告訴你，如何聽比如何說更重要。透過鏡像、同步、修正、複述的「投契關係」四步驟，你會發現，明明說得少，但關係卻更好。

關於如何說話，我們已經學得夠多了。但是關於如何留白，卻沒有人告訴你，因為他們覺得，會說話比會留白厲害。但你知道嗎？會說話，是本能；但懂得留白，是本事。而本事，就在《比對話更關鍵的留白溝通術》。

推薦序

有時候，沉默才是最適當的語言

蘇書平（為你而讀執行長）

坊間有很多討論溝通與說話技巧的書，其中最常談到的就是如何化解沉默。但是真正有效的溝通，並不是自己說個不停，懂得「積極聆聽」與「精準提問」才是有效溝通的關鍵。有的時候，沉默才是最適當的語言，所謂無聲勝有聲，暫時閉上嘴巴減少想要說出口的話，是為了讓對方有停下來思考的空間。

其實我認識很多溝通的高手，他們雖然總是人群中最沉默的那個人，但因為在工作與生活已經閱人無數，每次進入到一個陌生的聚會場合，往往能在最短的時間把所有人看出個大概，因為他們懂得透過觀察與聆聽每一個人的肢體與語言，了解接下來該如何與每一個人有效溝通。

其實沉默並不代表嘴拙，而是你懂得什麼時候該說，什麼時候該閉嘴。在這本《比對話更關鍵的留白溝通術》就提到這樣的沉默稱為停頓，在對的時候保持沉默，是為了營造氣氛、控制對方的情緒，讓對方好好思考接下來該說什麼？

在這本書中，整理了許多政治名人、知名藝人如何應用這些技巧在他們的演講或表演中，以及主管和業務如何使用這些技巧在他們與員工和客戶的溝通裡。有的時候，我們為了讓對話避免沉默，就會說出太多無意義的話，這些話不但不會化解尷尬，還可能造成反效果，變成無效溝通而引起誤會。

這本書在第二個部分，也談到了沉默如何幫助每個人創造新的人生轉捩點。其實，關於溝通，你可以有更好的選擇，如果每一次談話涉及到的事情與議題非常多，這些對話就有可能變得毫無意義了。有的時候，令人難以忘懷的對話，總是會有讓人喘息思考的空間與時間。當你放慢彼此間的對話節奏，你才能發現對方真正需要的是什麼。運用沉默反而可以讓你更容易理解對方的想法，同時也讓對方聽懂自己的話。

積極聆聽×精準提問，告別無效溝通

人與人面對面溝通時有三大重要關鍵，分別是是文字、聲音及肢體語言。心理學家亞伯特・麥拉賓（Albert Mehrabian）在一九七〇年代，曾經做了一個十年以上的系列研究，發現面對面溝通時，別人對你的印象，只有七％來自於你說的內容，另外三八％來自於你說話的語調，最後的五五％來自外型與肢體語言，又稱為「七三八五五定律」。

頂尖的溝通者都有辦法進入別人的溝通頻道，讓別人喜歡他並獲得信任。透過這樣的溝通方式，因為能夠提高雙方的好感度與信任度，所以他所表達的意見更易被對方採納。所以如果好好善用書中的肢體語言表達技巧，更能讓你獲得工作與生活上的成功，從而得到你想要的東西。

這本書在最後的部分，和讀者分享了許多「如何告別無效對話的技巧」。如何讓每一次對話都成為溝通的關鍵轉折點，提出有效的問題就成為了有效溝通的核心關鍵。提問不是想到什麼就問什麼，當目的不同，你提問的方式也需要做出調整。

你可以設計一些容易回答的問題，引導對方說出更多的資訊，這樣你才能夠了解對方現在是什麼樣的情緒狀態、重視或不喜歡哪些事情，透過這些資訊，你才能找出更多的對話空間。好的問題可以改變雙方思考的方向，並且進一步限縮雙方討論的範圍。當你懂得如何在適當的時機，針對適當的對象提出適當的好問題，就會讓對方覺得你很有趣或者專業；但如果你在不適當的時間針對錯誤的對象提出壞的問題，就會降低對方對你的信任。

在這個網路社群發達的時代，我們每一個人都生活在一個重視社交的社會裡，如果你的人際關係沒有搞好的話，你就很難得到別人的重視，自然也不會有人願意主動和你聊天互動。

其實所有人際關係不好的原因，都來自於你和別人的溝通缺乏品質。一個人生活與工作的品質的關鍵就在於他的溝通能力，不管你屬於外向或內向的人，相信這本《比對話更關鍵的留白溝通術》，可以讓你好好學會如何透過積極聆聽與精準提問，解決你溝通上遇到的各種問題。

前言

有個瞬間解決人際困擾的技巧，那就是……

我們每天都有無數的對話。

有些對話成功，有些對話失敗，所以市面上出版許多關於對話技巧的商業書籍，而且都很暢銷。此外，也舉辦許多關於說話技巧的講座，參與狀況似乎都很踴躍。

對話失敗的典型狀況，就是「場面持續沉默」了。

沉默會使場面凝重、難受，讓人想要逃離。

然而，讓對話順利的訣竅，也在於「沉默」。

本書想要解開沉默的祕密。

這段「前言」的標題，用的也是沉默的技巧，目的是為了吸引讀者閱讀本文。這個技巧運用的是「柴嘉尼效應」（Zeigarnik Effect）[1]。關於柴嘉尼效應的效果與意義，將在本書進行說明。

「沉默」並不可怕，只需要有效利用。

希望大家讀了本書後，都能鼓起「沉默的勇氣」。

谷原誠

1 譯注：又譯為「蔡格尼效應」。

01

沉默如何控制人心？

——贏得注意、升高期待與烙下印象

不是所有事情都該說出來

這是一本充滿矛盾的書。

因為這本書試著以全書的文字篇幅，解釋「沉默」這種不使用文字或語言的溝通。

這個世界上，有許多難以用語言表達的事件或現象，但是人類有能力透過感受來理解。

譬如藝術。

一件藝術品經過詳細的理論解說，就會被視為傑作嗎？不是的。但另一方面，好的藝術品卻有可能透過出色的藝術理論，更加提高其藝術價值。

換句話說，關於藝術的溝通，必須透過語言與非語言來建立。

然而近年來，整個社會都把重心放在語言，沉默則散發出尷尬的氣氛。但我覺得在這樣的狀況下，反而會因為說太多話，造成溝通出錯。

就像欣賞藝術作品時，如果旁邊有太多的語言解說，反而會妨礙我們感受。有的時候不說話，也就是保持沉默，反而會讓溝通更良好。

我希望透過本書，從反方向探討「該如何沉默」、「該如何有效運用不說話的『節奏』」。

世阿彌的著作《風姿花傳》，透過語言表現重視藝術感受的世界。這本書精彩地探討語言與感受這兩種彼此矛盾的事物，我想類似的書籍相當少見。

藝術原本應該是距離「方法」最遠的事物。

即使有「成為藝術家的方法」，也不太有人相信學會這樣的方法，就能成為世界級的藝術家吧！所以，像藝術這種訴諸於人類感受性這類不確定事物的方法，很難一般化，而呈現其方法論的語言也可以說非常少。

在世町時代，與父親觀阿彌一起將日本古典戲劇——「能樂」發展成熟的世阿彌，就在這樣的狀況中寫下《風姿花傳》這本書。

《風姿花傳》裡，寫著如下的能樂理論。

雖然對能樂而言，在觀眾面前如何呈現相當重要，但是如果觀眾沒有進入享受能樂的狀態，就稱不上是一場成功的演出。

所以，能樂不會在觀眾席鬧哄哄時開演，而是會保持沉默，直到觀眾安靜下來，所有人的注意力都轉向休息室，心裡一致想著「什麼時候才開始」為止。

書上寫道，如果演員等到這樣的狀態再走上舞台，觀眾的期待感就會愈來愈高，現場也營造出能夠享受能樂的氣氛。如此一來，這一天的能樂演出就算成功。

我想，與人說話的時候也一樣。

如果一直說個不停，聽的人會覺得累，也會漸漸地無法把話聽進心裡。

暫時閉上嘴巴，減少說出口的話語，就能讓對方思考「接下來會說什麼」，或是整理我們所說的話。

沉默能夠營造氣氛，控制對方的情緒。

這樣的沉默稱為「停頓」。

附帶一提，透過演說煽動群眾的德國納粹領袖阿道夫·希特勒（Adolf Hitler），也會在演說之前沉默許久。

我看了希特勒留下來的影片，發現他從站上講台到開口說話之前，大約有三十秒鐘的沉默時間。希特勒的漫長沉默，讓為他大聲歡呼的聽眾逐漸變得安靜，開始對他的演說產生「什麼時候才開始」的期待。等到聽眾安靜之後，希特勒才緩緩開口說話。從影片中，可以看見聽眾沉迷於演說的樣子。

此外，《風姿花傳》中也寫了下列這段話。

> 轉瞬之間，或許亦有男時、女時之別。

「男時」指的是狀況對自己有利時；反之，狀況在對方有利時則稱為「女時」。

世阿彌接著解釋道：

無論如何，「能」有好時機，也必然有壞時機。此為非力之因果。

換句話說，男時、女時無可避免，人類對此無能為力。

這段話是關於能樂「立合」的講解。當時的能樂，似乎曾經有過多位表演者站在同一個舞台上演出，互相比拼勝負的「立合」這種表演方式。

那時的藝術家需要當時的有力者做為後盾，所以自己在立合的評價，似乎是影響流派存亡的重大關鍵。世阿彌解釋，如果想在立合勝出，判斷男時、女時，並依此發揮演技是一件重要的事。

如果遇到狀況不利的女時，該怎麼做才好呢？

世阿彌建議，如果當下不是那麼重要的場面，就不需要爭取勝利，放鬆心情去表演，只有在關鍵場面才需要拚盡全力。

我是一名律師，至今曾參與許多交涉，而交涉的原則也幾乎相同。交涉不一定總是對自己有利，也會遇到不利的情況。即使在同一場交涉中，也有狀況有利與不利的時候。

當然我會擬定戰略，致力於讓自己隨時處在有利的「男時」，但是戰略不一定會成功。交涉有時會遭到第三者介入，也會有光憑自己使不上力的狀況。這時候感受到的，正是世阿彌所謂的「非力之因果」的作用。

這時候，判斷時勢就是促使交涉往有利方向發展的重點。

即使狀況不利，也不會永遠持續。但如果因此而慌張、激動，對時勢的判斷就會失準。

仔細傾聽對方說話、忍耐、沉默，耐心注意「勢」的變化，交涉終究會在某個時間點轉變成對自己有利的氣氛。當我掌握到「就是現在」的那一瞬間，就會打出手上的交涉牌。

反之，處在男時的情況下也必須注意。即使交涉朝著有利的方向發展，覺得自己提出的條件全部都會通過，也千萬不能得意忘形。這時候請做好接下來狀況可能會變得不利的心理準備，檢討必須趁著男時一口氣解決的問題。

由此可知，對話不是只把想說的話說出來就好。我想，隨時感受男時、女時，在對話中有效運用沉默，相當重要。

再稍微回到《風姿花傳》的話題，裡面有一句名言「祕而不宣則成花」。

意思是在許許多多的技藝或專業流派中，都有各派的獨門絕技，這些絕技祕而不宣，就能產生莫大的效果。

如果不保密，甚至宣稱「今天將要表演獨門絕活」，觀眾的期待就會變高，覺得「等一下一定會表演相當稀奇的技藝」，這麼一來，反而無法展現效果。

在電視上或劇場中欣賞搞笑表演時也是如此，如果藝人開場時，先說「等一下要為大家說一個有趣的段子」，然後才開始表演，將會導致觀眾的期待變高，最後即使聽了段子，也不覺得那麼好笑。搞笑應該是因為藝人說了什麼出乎意料的笑話，逗得觀眾發笑才對。

我希望讀者可以記住，「並非什麼事情都應該說出來」。

某本書暢銷的意外原因

二〇〇五年有一本熱賣的暢銷書，名為《叫賣竹竿的小販為什麼不會倒？——你一定用得到的金錢知識》[2]。

這本書的內容有趣不用說，但是暢銷的其中一個理由，絕對在於書

2 中文版：山田真哉著，東正德譯，《叫賣竹竿的小販為什麼不會倒？——你一定用得到的金錢知識》，先覺出版社，二〇〇六年五月。

名的威力。

這是什麼意思呢？因為這本書的書名，把叫賣竹竿的小販不會倒當成前提。然而在現實中，雖然有不會倒的竹竿小販，但是想必也有倒閉的竹竿小販。書名的「叫賣竹竿的小販為什麼不會倒？」卻說得好像所有叫賣竹竿的小販都不會倒閉一樣，以此為前提吊人胃口，透過保持沉默，挑起讀者的興趣。這本書的書名原本應該取為：「叫賣竹竿的小販當中，有些會倒，有些不會倒。那麼，那些成功經營的竹竿小販，為什麼不會倒呢？」

但如果取這樣的書名，不管內容寫得多好，都很難變成暢銷書。

這樣的技巧在心理學中，稱為「柴嘉尼效應」。

柴嘉尼效應指的是一種現象：「與達成的事情相比，人類更容易記住無法達成的事情或中斷的事情」。

提出「叫賣竹竿的小販為什麼不會倒？」的疑惑，讓人心想「咦？為什麼不會倒呢？真想知道原因！」進而產生閱讀本書的欲望。這本書在命名時，運用的就是這樣的機制。

我以前撰寫的書裡，也有一本書名取為《「我和工作哪個重要？」這個問題哪裡錯了？》[3]。

之所以會取這樣的書名，也是看準柴嘉尼效應。當初還因為沒有寫出明確的答案，接到讀者抱怨：「這本書裡沒有確實寫出答案啊！」讀者為了尋找答案，把整本書都讀完了。畢竟賣了這麼一個關子，總會讓人想知道答案。

電視節目也運用這樣的效應。電視節目靠贊助商給的廣告費製作，為此必須提高收視率，盡可能讓更多的觀眾看廣告。而且觀眾必須從插入廣告到節目回來前都不能轉台，才代表真的有觀看廣告。

所以節目會在進廣告前先賣一個關子，再加上一句短評，譬如「答

3 中文版：谷原誠著，沈俊傑譯，《嘴巴上的邏輯學：學律師說人話！讓你說話不再輸人、不再無言以對、不再任憑對方擺布、不再感到焦躁！》，瑞昇出版社，二〇一九年三月。

案就在廣告後」，或是「等一下會發生驚人的事」等。這樣的鋪陳啟動柴嘉尼效應，讓觀眾對廣告後的發展產生興趣，於是就能不轉台地看完廣告。

電視連續劇又是如何操作的呢？許多連續劇都會在結尾前，爆發新的事件，讓觀眾掛心事件的發展，接著透過下回預告透露一點內容，讓觀眾更想看下去。我想連續劇的收視率高低，端看如何運用柴嘉尼效應，挑起觀眾想看下一集的興趣。

我一方面因為從事律師這項工作，另一方面也是因為寫了數十本商業書籍，所以經常受邀演講或擔任講師。我在演講時，經常會對聽眾或學員賣關子，因為這麼做能有效吸引他們的注意。

譬如在法律講座中，我會說：「在這一次案例中，被告雖然被命令賠償損失，但是其實只要使用某個方法，就能規避賠償損失的責任，我將在講座中說明這個方法。」

如此一來，學員就會因為想知道「這個方法」到底是什麼，而在我解說「這個方法」之前，都專心聽我說話。

換句話說，只要別人賣關子，我們就會想要知道答案。

所以，如果想透過對話吸引對方注意，可以先賣一個關子，而後稍微保持沉默。這麼一來，對方就會因為想要知道答案，而專心聽我們說話。

賣關子會讓人忍不住想要知道謎底。

此外，如果想讓聽眾在某段時間內興致勃勃地聽我們說話，可以像我一樣，在講座開頭先賣關子，接著說自己想說的事，而後再揭曉謎底。這麼一來，對方就能在保持高度興致的狀態，聽我們說想說的話。

附帶一提，已經退休的前藝人島田紳助的故事也非常有意思。即使身為藝人，他也不是一開始說話就很有趣，而是知道「某個祕密」後，說話才開始變得有趣。接下來將為大家介紹這個祕密。

最高明的搞笑，是在靜默不語的瞬間

我想應該也有讀者發現，我在前一節的最後也運用「柴嘉尼效應」。我賣了一個關子，引導想要知道答案的你繼續閱讀。

就讓我們接著往下聊吧！

搞笑藝人帶給人的印象，就是能把話說得有趣。

這個印象當然沒錯，他們不僅原本就具備有趣的話題，還懂得運用技術把話題說得更有趣。

這項技術就是「節奏」。

搞笑非常重視「節奏」。雖然平常看電視時不太會注意，但是在藝人的搞笑中，有著準備周到的沉默；換句話說，就是有所「停頓」。

雖然島田紳助已經退休了，但是他的談話非常有趣，相當受歡迎。

島田紳助有一本著作，名為《自我策畫力》（鱷魚書社，二〇〇九年），這本著作是將島田紳助在二〇〇七年三月，於吉本綜合藝能學院（New Star Creation, NSC）舉行特別講座時的內容集結成冊。他在該書中，以「透過學習奏培養搞笑能力」為主旨展開論述。

島田紳助研究各式各樣的漫才[4]，發現大家覺得「好笑」的人，在表演漫才時都有許多「停頓」。如果普通的漫才在一分鐘內有十幾次

4 譯注：日式搞笑表演，有點類似相聲。

「停頓」，好笑的漫才在一分鐘內就有大約二十次的「停頓」。

於是，他反過來想出「停頓」極少的好笑漫才，這就是紳助龍介[5]所創作的漫才。

相較之下，另一個漫才團體DOWN TOWN，則運用節奏緩慢的「停頓」，來表現裝傻與吐槽。這兩組團體的漫才節奏完全不同。除了他們之外，就算觀察現今的其他漫才，也能看出漫才是一種運用節奏的創作。無論如何，對「停頓」的運用，都可說是漫才的重點。

北野武在二〇一二年出版的著作《脫線的結構》中，也寫下類似的內容。他在書中寫道：「掌握笑點，就是掌握節奏。節奏對搞笑而言，就是這麼重要。」

據說表演漫才時，如果觀眾的反應不佳，就代表「這個節奏感不對」，於是就會暫時加入「停頓」來改變節奏；換句話說，表演者與觀眾的關係，也靠著「停頓」來控制。

這一點在對話中也一樣。對話就是自己發話，或是聽對方發言的說話傳接球。如果其中一個人的語速很快，另一個人則是慢條斯理，對話就會變得非常不順暢；換句話說，就會變成「尷尬」的對話。這時候，透過適度的「停頓」來配合對方的說話節奏就很重要。

反之，當對方不安、焦躁時，也能感受到對方說話的「節奏」變得太快。這時候，可以透過刻意放緩「節奏」的方式，引導對方配合自己的節奏，幫助對方變得冷靜。

附帶一提，美國知名喜劇演員傑克・班尼（Jack Benny）也曾說過：

「至今為止，觀眾笑得最大聲的時候，就是我靜默不語的時候。」

創造無聲狀態，能吸引最多注意力

「在我們開口說話之前，別人就已經開始打量我們。」

5 譯注：島田紳助與搭檔松本龍介組成的漫才團體。

這句話節錄自全球暢銷書《卡內基溝通與人際關係》（*How to Win Friends and Influence People*）[6]的作者戴爾・卡內基（Dale Carnegie）之另一本著作《溝通入門》（*How to Develop Self-Confidence and Influence People by Public Speaking*）。

卡內基可說是溝通專家也不為過。

顧名思義，這本《溝通入門》寫的就是說話與說話以外的溝通方式。卡內基在這本書中建議，可以把說話時的重點放在發話前後的沉默。他也引用前美國總統亞伯拉罕・林肯（Abraham Lincoln）的演說，說明「林肯在說重要的事情前，會先沉默一陣子再開口，藉此吸引人們的注意」。

的確，如果對方在說話途中突然沉默，我們會覺得「怎麼了？」接著就會比沉默之前，更把注意力放在對方身上。

如此一來，我們就會意識到，「接下來對方要說的事，應該非常重要吧！」

由此可知，**在說話途中，尤其希望對方專心傾聽時，先在開口前停頓一下，引起對方注意，接著再說出重要的事，應該會是一個有效的方法。**

在重點前後保持沉默的方法，不只可以用於對話，用在演講或講座中也相當有效。

在演講或講座中，一定有希望聽眾記住的重點。在說出這個重點之前，先稍微沉默一陣子，就能讓聽眾或學員把注意力放在講師身上。

有些講師討厭沉默，會發出「嗯」之類的聲音連結話題，但這麼做就無法發揮沉默的戲劇性效果。我們必須把創造無聲的狀態當成一種方法，促使聽眾專注傾聽接下來的發言。

此外，有些人在日常對話中，也把發出「嗯」或「哦」之類的聲音

6 中文版：戴爾．卡內基著，詹麗茹譯，《卡內基溝通與人際關係：如何贏取友誼與影響他人》，龍齡出版社，二〇一五年一月。

當成習慣，而且在多數情況下，本身都沒有察覺。可以請身旁的人聽聽看，自己是不是常常發出「嗯」之類的聲音。或者也可以試著錄下自己平常的對話或演講等。雖然這樣的習慣無法馬上修正，但是請在平常多加注意，漸漸改掉。

賈伯斯為何在產品發表會沉默七秒？

有個名為「TED Talks」的網站，可以免費觀看全球知名人士和其他許多人的演講影片，許多演講專家在這個網站上齊聚一堂，帶給觀眾許多收穫。

在許多公開的影片中，社會心理學家艾美．柯蒂（Amy Cuddy）的其中一支演講影片，獲得極高的點閱率。

這支影片的標題是「姿勢決定你是誰」（Your body language shapes who you are）。

雖然這個網站蒐集的是運用語言的演講，但最受歡迎的影片，卻以「肢體語言」為主題，相當耐人尋味。由此可知，大家對於語言之外的溝通有多麼感興趣。

看了「TED Talks」之後，就會發現很多人都把「問題」當成演講的開頭。

他們透過提問、停頓，吸引聽眾的注意力，而接下來的演講內容，都用來鋪陳這個問題的答案。

這個方法除了吸引聽眾的注意力外，也能有效地呈現接下來討論的方向性。我想引用賽門．西奈克（Simon Sinek）在「TED Talks」演講的開場白做為例子。

當事情的發展不如預期時，各位會怎麼解釋呢？相反地，當別人取得驚人的成就時，各位又會怎麼想呢？

舉例來說，為什麼蘋果（Apple）會如此成功？他們總是不斷地進化，每每在競爭中勝出。但是，蘋果只是一家電腦公司，就像其他的電腦公司一樣；換句話說，他們接觸人才、代理商、顧問、媒體的機會，和其他公司沒有什麼差別。但是為什麼蘋果的表現會比其他公司突出呢？

為什麼馬丁．路德．金恩（Martin Luther King）能領導黑人民權運動？他不是唯一一個苦於當時情勢的人，而能透過演說鼓勵人們發起行動的人，也不是只有他一個。為什麼某位特定的人物能夠成為領袖呢？

這一連串的提問，除了能夠激發聽眾對答案的求知欲，也能讓他們知道，接下來的演說將會提供答案。

由此可知，**在演講的開場白對聽眾提問、偶爾沉默，除了可以激發聽眾的興趣外，也是一個讓他們做好聽講準備的有效方法。**

開場白的沉默，不一定需要搭配問題，因為光是沉默就能提高聽眾的期待感。

史蒂夫・賈伯斯（Steve Jobs）在「iPhone」的產品發表會中，說了一句「我等這一天，等了兩年半」做為開場後，就沉默長達七秒。他透過漫長的沉默，一口氣吊起聽眾的胃口。

接下來賈伯斯也透過頻繁使用沉默，做出一場效果絕佳的演說。有些人或許會對演講中的沉默感到痛苦。但是，各位可以先記住，開頭的沉默是吸

在開始說話之前先保持沉默，可以提高聽眾的期待感，
也能增加說服力。

引聽眾注意的有效手段。

我想各位讀者中，很多人都曾有在商業現場進行簡報的機會。多數人在簡報時，往往會因為緊張而忍不住加快語速。尤其一想到聽自己簡報的人，都是在百忙中抽出寶貴的時間前來，語速就會變得更快。這麼一來，或許就會覺得「在簡報開頭沉默，真是太要不得了」。

但是，簡報的最主要的目標就是「說服」。如何透過這場簡報說服聽眾，才是簡報的目的。來聽賈伯斯演說的人，多半都是忙碌至極的商業人士。賈伯斯為了帶給這些人最有效的影響，採取在開頭沉默七秒的戰略。

因此，儘管來聽你簡報的人都忙碌萬分，我想你也可以鼓起勇氣，考慮在開場時先保持沉默。

說完核心語句，立刻停頓下來

金恩牧師是美國民權運動的代表人物。他在一九六三年於華盛頓的林肯紀念館舉行一場知名演說，而這場演說就以「我有一個夢想」（I have a dream）做為開場白。

這場舉世聞名的演說，特徵就是金恩牧師在說完「I have a dream」後就沉默不語。

如果演說在「I have a dream」之後，就立刻接續，這句話或許就不會變得如此有名。

我想，重複核心字句，再加上說完後立刻沉默，能讓這句話更容易留在人們的記憶裡。因為在沉默的這段時間，關鍵字句能在人們的腦海中迴響；但是如果立刻接續下一句話，關鍵字句的印象就會立刻被這句話掩蓋。

前美國總統巴拉克·歐巴馬（Barack Obama）也使用相同的手法，他在總統大選的勝選演說中，不斷地重複「我們做得到！」（Yes, we can!），並且在說完後立刻沉默，加深聽眾對這句話的印象，更容易在聽眾的腦海中留下記憶。

「Yes, we can!」這句話有多大的震撼力，從日本搞笑藝人在模仿歐巴馬時也會使用這句話就能知道。

此外，如果聽眾在歐巴馬的演說途中鼓掌，他就會沉默以對，直到掌聲停止。我想他應該是透過這種方式，讓聽眾整理演說的內容，加以保留在記憶中。

這些都是為了達成演說效果的手法。首先，用簡短的字句表達核心訊息，接著在演說中一再重複，並且在說出訊息後，有意識地保持沉默。如此一來，就能讓聽眾對訊息留下強烈的印象。

對話的時候也一樣，**把想要傳達給對方的內容、想讓對方留下印象的內容、想讓對方記住的內容，濃縮成簡短而強烈的訊息，並在對話中一再重複，說完之後，立刻保持沉默。**如此一來，這則訊息就會深深刻劃在對方的腦海裡。

停頓是埋哏的關鍵助手

搞笑藝人的段子，都是各個藝人或團體自己想出來的。基本上是藝人的創作。

但是，日本還有另一項傳統表演藝術「落語」，表演的則是已經準備好的固定段子。

不同落語家表演的落語，故事概要與哏都一樣，但是帶給人的印象卻截然不同。

落語為什麼會有趣呢？關於這個問題，落語家桂枝雀一直以來都主張：「緊張與緩和的理論」。

在說落語時，愈接近哏，氣氛愈高昂，緊張感也會逐漸升高。當氣氛升到頂點時，再把哏說出來，就能一口氣破壞緊張的氣氛，逗人發笑，而這時候的「笑」就是緩和，是落語的趣味之處。

然而，在落語中有一句格言：「愈厲害的落語家愈不說話。」一場落語的表演，首先會派新人上場，最後才是專家級落語家，兩者表演的氣氛可說是截然不同。

附帶一提，相同的落語段子，如果先聽新人說，再聽名人說，差別會大到幾乎不像是同一個段子。

新人落語家帶給人的感覺，就是把故事背下來，流暢說出口而已，因為缺乏緩急輕重，有時候會讓人搞不清楚哪裡是高潮，又該如何感受。

相較之下，專家級落語家聽起來就會有較多的沉默和停頓。落語家藉此分出輕重緩急，吸引觀眾進入故事的世界。

落語雖然以故事的形式來表現，但是每位落語家描述的場景也各不相同。有名人之稱的落語家也擅長描述，能讓觀眾想像出歷歷在目的場景。

由於觀眾在腦海中想像場景需要一點時間，所以落語家在描述的同時，也會在故事的進行中巧妙加入一些停頓。或許就是因為這樣，才會有「愈厲害的落語家愈不說話」這句格言。

平常的對話中也有高潮，有時候也會埋入一些哏。為了加深高潮與哏的印象，巧妙地加入停頓，一邊說，一邊觀察對方反應，也是相當重要的事。

我經常購買落語的ＤＶＤ來觀摩。落語的技巧，對於需要在平常的對話中，告訴對方過去發生的事情等故事時，相當具有參考價值。

無聲的承諾 vs. 有形的保證

完全不說話也能讓人發笑。

典型的例子就是被譽為「喜劇之王」的查理・卓別林（Charlie Chaplin）。

應該沒有人不認識卓別林，他在一九二〇年代前半，以頭戴圓頂小禮帽、手拿紳士杖、身穿鬆垮垮的褲子、腳踩企鵝步的風格，演出許多部無聲電影。他沒有說出一句台詞，就為全世界的人們帶來歡笑。

卓別林似乎曾說過：「無聲的默劇才是世界共通的語言。」換句話說，即使不說話，也能在保持沉默的狀態下溝通。

實際上，從卓別林的電影中，能夠清楚看出登場人物的想法與感受。而卓別林就是以此為背景，透過意想不到的行動逗觀眾發笑。

如果用語言說明電影中的情節，其意義就會因語言而有所侷限。無聲電影正因為不使用語言，才能任憑觀眾想像登場人物的想法與情緒，開拓出比使用語言更寬廣的創造性。

說到無聲喜劇，就會讓人聯想到前一陣子的《豆豆先生》（*Mr. Bean*），這是英國獨立電視台（ＩＴＶ）在一九九〇年到一九九五年間播放的電視喜劇影集。《豆豆先生》幾乎沒有對話，只透過主角羅溫・艾金森（Rowan Atkinson）的表情與動作，達到逗人發笑的效果。

我在撰寫本書時，再次重看《豆豆先生》，並試著思考「為什麼這部影集會有趣呢？」結果發現，「有趣的是豆豆先生出人意表的行動與表情」。《豆豆先生》就和卓別林的電影一樣，只靠著行動與表情，就能讓觀眾對登場人物現在的感受瞭若指掌。

透過沒有台詞的沉默，激發觀眾想像力的手法，不只被用在喜劇，也經常被運用在電影裡。

黑澤明導演的代表作，一九五四年上映的《七武士》，也運用這個手法。

七武士的領袖，是一個名為島田勘兵衛的中年武士。勘兵衛為了在野武士的襲擊中保護村莊，出發尋找願意和他一起並肩作戰的夥伴。他偶然遇到過去的部下七郎次，但七郎次已經成為商人，不再是武士了。勘兵衛問七郎次說：「你已經厭倦戰鬥了嗎？」七郎次則回以苦笑。勘兵衛邀請七郎次加入，他問七郎次說：「有一場既無法發財，也無法出人頭地的困難戰鬥，你願意追隨我嗎？」結果七郎次立刻回答：「願意。」於是，勘兵衛再次確認：

「這一次說不定真的會死。」

對此，七郎次什麼也沒說，只是露出微笑，他的「微笑」，就是無言的承諾。

在這一幕場景中，或許也可以使用「死也願意追隨你」這句台詞。但是透過無言的承諾來表現，更能讓觀眾想像許多言語無法表達的內容，譬如七郎次對勘兵衛的感情、自己的人生觀、對戰鬥的想法等；換句話說，導演透過對沉默的運用，實現超越台詞的溝通。

我們把使用語言的溝通視為理所當然。但是像七郎次這樣運用沉默，也能將言外之意傳達給對方。

彼此相愛的年輕男女，可以一直凝視著對方，好幾個小時都不說一句話。而這段沉默的時間，不也傳達著比「我愛你」這句話還要濃烈好幾倍的感情嗎？

運用沉默爆紅的電視節目

日本知名主持人三野文泰，帶給人相當健談的印象。甚至還傳說他在節目中介紹的商品都會熱賣。

他的說話方式相當具有信賴性與說服力，但出乎意料的是，他說話的訣竅也在於停頓。

富士電視台以前曾有一個猜謎綜藝節目《猜謎千萬富翁》。這個猜謎節目由三野文泰主持，相當受歡迎，參加的人都以贏得一千萬日圓的獎金為目標。

在這個節目當中，三野文泰會在參加者回答後追問「這是最後答案嗎？」而參加者則會在做出決定後，大聲說道：「這是最後答案。」最後由三野文泰公布答案是否正確。

我想這個節目受歡迎的一大理由，就在於參加者說完「這是最後答案」後，三野文泰會沉默好一陣子，而後才宣布答案正確與否的氣氛營造。

一般猜謎節目在參加者回答後，就會立刻宣布答案是否正確，但是這個節目有時甚至會沉默長達十秒以上，才宣布「答案正確」，或是「很可惜，猜錯了」。

對理應避諱沉默的電視節目而言，這樣的呈現方式原本應該觸犯了禁忌，但三野文泰的沉默時間愈長，愈能提升緊張感，而宣布正確答案時的爆發力也會增加。

我覺得這樣的安排相當細膩。

像這樣在對方想要知道答案的時候，先保持沉默再回答，就能提高緊張感，增加說出答案時的戲劇化效果。

舉例來說，我們可以想像一下求婚的場景。假設一名男性問女友：「妳願意跟我結婚嗎？」女友立刻回答「我願意」的情況，與女友沉默十秒後，才終於答應的情況。在後者的情況下，男性等待回答時的心境，想必會引發無限想像。

在我們先入為主的觀念中，都會在對話時盡量避免沉默，當沉默即將降臨時，我們就會刻意說出一些無意義的話。

但是，從《猜謎千萬富翁》的例子可以知道，**在重要發言之前先保**

持沉默，可以提高緊張感，而沉默的時間愈長，效果似乎就會愈好。

宮本武藏靠著掌握節奏，在決鬥中獲勝

宮本武藏是江戶時代初期的兵法家，也是使用雙刀的二天一流兵法的開宗祖師。他在一生中經歷六十幾場決鬥，而且全部贏得勝利，是有如傳說般的武道家。

他將劍術的精粹寫成《五輪書》，而在這本書裡出現好幾次關於「拍子」的描寫。

所謂的拍子，指的是節奏、停頓與時機。

《五輪書》中有著如下的敘述：

先通曉合之拍子，再分辨不合之拍子，在大小、快慢之拍子中，亦通曉適切之拍子、停頓之拍子、抗拒之拍子，此為兵法之專也。若無能

分辨抗拒之拍子，則兵法無可確實也。兵法之戰，於通曉敵手之拍子，以敵手無可預期之拍子，藉智慧之拍子發空之拍子，此為勝所也。

（《五輪書》，鎌田茂雄譯注，講談社學術文庫）

這段話的意思是，在兵法中有拍子，而拍子有合與不合之分，因此了解拍子的「合與不合」，以「對手料想不到的拍子攻擊，即可取得勝利」。如果配合對手的拍子，將使得對手的作戰變得容易，導致己方落敗，因此破壞對手的拍子相當重要。

在劍術中，了解節奏，並熟練地運用節奏非常重要。

宮本武藏的無敗戰績，可說是透過將「時機」運用得爐火純青得來的也不為過。據說那場與佐佐木小次郎在巖流島的決戰，宮本武藏就遲到許久，這或許也是為了刻意避開佐佐木小次郎士氣十足的約定時間，等到對方士氣衰竭時再出現，從這件逸事也能知道宮本武藏對於「節奏」有多麼重視。

此外，相當於德川將軍家兵法指南的柳生但馬守所寫的《兵法家傳書》中，也寫下類似的內容。

書中建議，「敵軍使用太刀以大拍子對戰時，己方就以小拍子對抗；敵軍使用太刀以小拍子對戰時，己方則以大拍子對抗」；換句話說，就是「不要配合對方的節奏」。要如何破壞對方的節奏，即可說是劍術的精粹。

「破壞對方節奏」的技術，在運動或競技中也相當發達。所謂的比賽，比的或許就是彼此如何破壞對方的節奏。

如果把這種節奏的運用方式，應用到對話中，又會如何呢？

在孫子兵法中，也有「兵者詭道也」這麼一句話。

意思就是，「做得到的事情要裝成做不到；即使必要也要裝作沒必要。再者，即便身在近處，也要看起來像在遠處；而身在遠處，則要看起來像在近處。想要從敵人身上取得利益時，先以利益為餌，誘敵出動，趁著敵人混亂之際奪取；在敵人戰力充沛時不要攻擊，而是要加強防禦，預防敵人發動攻勢。敵人戰力強大時就避戰，而敵人盛怒時就刻意挑撥，使對方更加憤怒混亂。敵人謙虛時就放低姿態使其高傲，敵人充分休息時就使其疲勞，敵人之間關係親密則使其離間」。

換句話說，就是「徹底破壞對手的節奏，但不要讓對手察覺自己的節奏」。

在類似劍術比試或

掌握對方的節奏就是勝負的關鍵。

戰場這種雙方利益互相牴觸的交涉中，應該要像《五輪書》、《兵法家傳書》或《孫子兵法》所寫得那樣，「了解對方的節奏，並破壞其節奏，透過對方料想不到的主張，使交涉往有利的方向發展」。

此外，也要「盡可能不要透露自己的情報，避免讓對方察覺自己的節奏」。

反之，如果希望與對方建立友好的關係，又該怎麼做呢？這時候就要採取相反的方式。

這個方式想必就是，「向對方傳達自己的節奏，了解對方的節奏，並盡可能配合對方說話的節奏」；換句話說，就是配合對方說話的速度與間隔，對於對方感興趣的事物展現興趣、產生共鳴，如果能夠連表情與動作都配合對方會更好。

如此一來，兩人的節奏就會逐漸一致，營造出良好的氣氛，這就是所謂的「合拍」。

解讀與創造「留白」的能力

據說優秀的諮商師注意的不是個案的語言，而是個案的沉默。例如，當他們詢問個案：「你還好嗎？」而個案回答：「我很好。」如果只把注意力放在語言，就會覺得個案「很好」。

但是如果個案簡短地重複「很好，很好」，或是沉默後才說「我很好」，又或者在回答「我很好」後陷入沉默，就能發現個案的情緒和說出來的話不一致。此外，如果明明說的是自己的事，個案卻以假定的語氣說「我想我應該很好」，也能發現這句話裡含有不安的要素。

沉默有時候比說出來的話，更能察覺對方的意圖。

我想，像這樣從沉默或空白中找出意義，正是我們東方人具備的感受性。

舉例來說，藝術中的「留白」也具有意義。

最好懂的例子應該就是水墨畫。

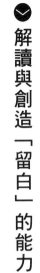

只以墨汁描繪的水墨畫，主要靠著線條的濃淡與粗細來表現一切。無意義的空白不能稱為留白。留白在藝術中具有明確的必要性，屬於不可或缺的要素。

我想西洋的留白概念，並不像東方這麼明確，基本上西洋繪畫都會把畫面塗滿。

日本的「留白之美」與「餘韻之美」，都是靠著「無」來表達一些什麼。像這種「無」或「節奏」之類的日本式感覺，現在已經隨著禪的思想推廣到全世界。

「白紙也是圖樣」，是東方的概念。

除此之外，枯山水也可視為運用「無」的藝術。

枯山水指的是沒有水的庭園，設置於禪宗的寺院中。是一種以砂石代替水，呈現水池或水流，藉此表現山水風景的庭園樣式。我想，大家應該都在京都等地，看過將鋪在地上的白砂與小石比擬為水面的庭園，我們能從中感受到不應該存在的水流。

由此可知，如果說話是語言「加法」，沉默就是語言的「減法」。

日本人同時具備理解沒有說出口的意圖，以及透過沉默來傳達意圖的感受性。就像能夠透過枯山水，將不存在的事物表現得彷彿存在一樣。我想，這就像有「一葉一枝一世界」之稱的盆栽，或是一直以來重視「睡臥一蓆，起身半蓆」的窄空間生活，都是日本式的文化。

生活在這種文化中的我們，沒有害怕沉默的必要。

靠沉默掌控人心的五個關鍵

＊不要害怕沉默的時刻，沉默是留給對方思考與整理我們所說話語的空間。

＊演講時，利用沉默營造停頓的氣氛，可以讓聽眾更期待，在重點前後保持沉默，會讓人對於講述重點更有印象。

＊難免會遇到狀況對自己有利與不利時，懂得判斷時勢，促進交涉朝著有利的狀態發展，要在對話中有效運用沉默，而不只是一味地說出想說的話。

＊運用賣關子的方法可以讓聽眾或觀眾產生興趣，說完想說的話後，再揭曉謎底，就能有效引起對方的注意力。

＊改掉日常生活對話中，不自覺的「嗯」、「哦」等用語，把創造無聲的狀態當成方法，才能讓沉默發揮影響力。

02

沉默如何扭轉情勢？

——避免衝突、達成銷售與創造影響

寡言的人也可以擅長交涉

我的職業是律師。

大家對於律師有什麼樣的印象呢？

不少人想像中的律師，似乎都是能在法庭上侃侃而談，或是能夠口若懸河地說服別人。

然而，實際上並非如此。律師中當然也有喜歡說話的人，但是能幹的律師不一定多話。

甚至有些律師明明沉默寡言，卻擅長交涉，能夠巧妙地說服別人。

律師最重要的就是避免犯錯，所以不說太多沒必要的話才是重點。

舉例來說，有一位名為前田的上班族，他有一些工作不得不在星期天加班完成，但是他已經跟家人約好，星期天要去遊樂園玩。其實這個工作也不是非得由他來做不可，所以他想要找人代班，於是就去拜託同事真由美。

前田：「真由美，這個星期天我得加班，可以麻煩妳幫我代班嗎？真是不好意思。」

真由美：「咦？為什麼要我代班啊？」

前田：「因為我在星期天必須帶家人去遊樂園，拜託妳了，下一次請妳吃飯。」

真由美：「我也有安排了，真傷腦筋。」

前田：「我以前也在工作上幫過妳，不是嗎？只要幫我這一次就好了。不是什麼多難的工作，妳的動作這麼快，應該三小時左右就能搞定了。」

真由美：「這麼說也沒錯啦！我想想。」

前田：「拜託妳嘛！如果不能去遊樂園，家人就不會再相信我了。妳還沒有家庭，加班一天應該還好吧！」

真由美：「你說這句話是什麼意思？我沒有結婚就很閒嗎？太過分了吧！我不管了，你自己去想辦法，家人不會再相信你關我什麼事！」

前田為了說服真由美而給了許多理由，希望藉此得到允諾，他大概以為理由給得愈多，真由美點頭答應的可能性就會愈高。

但是，結果如何呢？前田多說了一句傷害真由美自尊心的話，讓前面的遊說全部泡湯，如果沒有這句話，就氣氛看來，真由美幾乎已經要答應代班了。

由此可知，在對話中說太多話，更有可能會連不必要的話也說出口，因此避免不經大腦就說得太多是相當重要的。

說了必要的話之後就閉嘴沉默，反而能讓話語的內容滲入對方的腦海與心裡，使對方更容易被說服。

運用沉默讓對方自爆

大家常說：「心裡有鬼的人，話就會變多。」

換句話說，心中有愧疚的人會找藉口。

層層堆疊的藉口將帶來矛盾，而為了掩飾矛盾，又會產生新的矛盾，最後謊言就會被拆穿。

本書要說明的是沉默在對話中的效果，話雖如此，或許也有人會產生這樣的疑問：「在類似交涉的場合，必須想辦法讓對方點頭答應，但光是保持沉默，不就沒辦法讓對方同意你了嗎？」

此外，說不定也有人會湧現這樣的疑惑：「如果想讓對方贊同你，不是應該比對方說更多的話，滔滔不絕地說服他嗎？」

然而，在交涉的場合中，沉默其實也是一種有效的手段。

請你想像一下，對方在交涉時沉默不語的狀況，這時候我們會有什麼感受？

想必會覺得不安吧！我們會揣測「他大概不接受這個條件」，或者「他是不是有什麼尖銳的話語忍著不說」等。

最後，我們將會因為無法忍受沉默，繼續說出更多的話。

而且接下來所說的內容，都是為了消除自己的不安，於是就會犯下錯誤，提供能取悅對方，或是有利於對方的情報等。

舉例來說，假設丈夫下班回家後說了一句「我回來了」，妻子卻沉默以對，丈夫想必會感到不安。

如果妻子看起來心情不好，丈夫應該會想要安慰她，但是如果妻子看起來生氣呢？丈夫或許會覺得不安，不知道自己是不是做了什麼惹妻子生氣的事，所以開始想辦法逗對方開心。如果是心裡有鬼的人，或許也會提心吊膽，心想：「是不是有什麼事被拆穿了？」

於是，話題就可能會演變成要帶妻子去哪裡玩，或是買什麼禮物送她之類的。

接著來看對話的案例。

丈夫：「我回來了。」

妻子：「……」

丈夫：「怎麼了？」

妻子：「你不是說今天會早點回來嗎？」
丈夫：「上司突然約我吃飯，我不得不去，而且客戶也在，所以沒辦法跟妳聯絡。我雖然也想早點回來，但是身不由己。」
妻子：「……」
丈夫：「真的啦！相信我。」
妻子：「……」
丈夫：「我也想拒絕啊！但是上司找我吃飯也沒辦法。」
妻子：「總覺得有點可疑。」
丈夫：「什麼可疑的事情都沒有，為了補償妳，改天帶妳去吃飯吧！」

商業上的交涉也一樣，沉默具有讓對方不安的效果。

業務員：「您覺得如何呢？」

客戶：「……」

業務員：「請問您有什麼不滿意的地方嗎？」

客戶：「……」

業務員：「是價格的問題嗎？關於這一點，應該可以想辦法再壓一下。」

客戶：「怎麼壓？」

業務員：「我看看……您覺得這樣如何？」

客戶：「……」

業務員：「還是有點困難嗎？如果還要再壓得更低，我就要回去和主管商量看看了。」

運用沉默就能像這樣帶給對方不安。於是對方就會想像「是不是有什麼不滿意的地方」，並且說出一些能夠彌補這點的話。由此可知，沉默本身就是一種交涉技巧。

「對方沉默時，我們往往會說出一些對自己不利的內容」，但是反過來想，我們也可以透過有效地運用沉默，來獲取對方的情報，或是使對方讓步。

當然，如果一直保持沉默，就無法向對方傳達自己的想法，也不能說服對方。關於自己的主張與證據，還是必須明確地傳達給對方才行。

但是，我們可以透

交涉對象的沉默往往會讓人感到不安，
於是忍不住說出對自己不利的內容。

過在交涉時，適當地加入沉默，放大對方的不安，藉此從對方身上取得有效的情報，或是迫使對方做出退讓。

應對憤怒的絕佳策略

怒氣上來時，在說話之前先深呼吸。

等到心情恢復平靜，就能減少不經大腦的發言。

有時候會一連好幾天，都在電視上看到政治家失言的新聞，也會因為對方發言太過愚蠢而感到困惑：「他怎麼會說出這麼離譜的話呢？」

政治家把話說出口後，就無法用「我不是這個意思」帶過，但我想只要能在發言前沉默幾秒，就能大幅減少失言的次數。

沉默不只能在對話中帶給對方影響，對於控制自己的情緒也非常有效。

憤怒有時會破壞人際關係，必定會導致雙方的心情變差。

憤怒時也經常會說出不該說的話，事後才後悔不已。如果在交涉中發怒，往往會使人失去冷靜的判斷力，帶來不利的結果。

因此在對話時，最好能控制自己的憤怒。

如果在對話中感到憤怒，可以運用沉默緩解情緒。

根據阿爾弗雷德・阿德勒（Alfred Adler）心理學的解釋，「憤怒是為了達成某種目的所捏造出來的情緒」。例如，在岸見一郎、古賀史健合著的《被討厭的勇氣》[7]一書中，就寫了以下的內容。

本書主角的年輕人在一家咖啡店讀書，這時候經過身旁的年輕服務生，打翻了咖啡，潑到他的外套上。年輕人非常憤怒，忍不住大聲怒吼。根據年輕人的說法，憤怒是自然湧現的情緒。但是阿德勒心理學卻解釋，年輕人不是受到憤怒驅使而發出怒吼，而是「為了怒吼而憤怒」，年輕人為了達成透過怒吼，使服務生屈服，聽自己說話的目的，

---

7 中文版：岸見一郎、古賀史健著，葉小燕譯，《被討厭的勇氣：自我啟發之父「阿德勒」的教導》，究竟出版社，二〇一四年十月。

進而捏造出憤怒的情緒做為手段。

書中還舉出下列的故事做為例子，就在母親與女兒互相咆哮時，電話鈴聲響起。母親接起電話，另一頭是女兒學校的導師，母親的語調突然變得客氣，與導師聊了五分鐘左右掛斷電話，而後再度開始與女兒互相咆哮。

我想我們也都有過類似的經驗。

所以，當我們幾乎要把憤怒的情緒發洩到對方身上時，需要仔細思考：「我現在為了達成自己的目的，而向對方發洩怒氣的做法是正確的嗎？」而沉默就運用在這時候。

首先，假設對方說了過分的話，挑起我們憤怒的情緒。這時候不要立刻向對方發洩怒氣，而是要沉默不語，就算只有片刻也無所謂。

接著專注在自己的情緒上。

先從察覺「原來我現在覺得生氣」開始，有時候甚至只要察覺自己的憤怒，就能平息怒氣。

察覺自己的憤怒之後，請先問自己：

- 我對這件事生氣真的正確嗎？
- 這樣的憤怒符合我的身分嗎？
- 生氣比維持與對方之間的關係更重要嗎？
- 我可以透過發怒得到什麼？發怒是達成這個目的最有效的方法嗎？沒有其他效果更好的方法嗎？

當我們回答所有的問題後，怒火也應該平息了。

因為如果想要達成目的，在多數情況下都有比憤怒更有效的方法。

由此可知，**沉默不一定只能用在對方身上，也請大家有效地運用沉默，來控制自己的情緒。**

「如果覺得憤怒，就數到十；如果覺得非常憤怒，就數到一百；如果還是不行，就數到一千。」

——美國第三任總統湯瑪斯．傑弗遜（Thomas Jefferson）

靠「不說話的營業術」成為銷售第一

「不說話的營業術」是《不說話的營業術》（PHP商業新書，二〇一〇年出版）作者渡瀨謙推薦的方法，他本身也是活躍的沉默業務培訓師。

渡瀨謙從小就不善言辭，既內向又容易緊張，非常不擅長社交。儘管如此，他進入瑞可利（Recruit）公司後，才十個月就取得全日本營業達成率第一名的成績。

渡瀨謙主張，「推銷靠的不是毅力或幹勁，即使像我這種個性內向的人，只要有系統地去做，也能做出成果」。他認為自己的使命就是把這樣的理念，告訴因為業績不佳而煩惱的業務員，因此積極地出版書籍與舉辦講座。

渡瀨謙表示，很多業績不佳的業務員都以為「說話」就等於「推銷」。

換言之，就是覺得「只要會說話，就能推銷出商品，但是自己不善言辭，所以業績不好……」。

所以業績愈差的業務員，往往愈容易只把力氣花在練習說話上。渡瀨謙比別人更不善言辭，所以在練習說話方面，也花費比別人多出好幾倍的時間。然而，不管花多少時間磨練說話技巧，完全沒有業績的日子依然持續著。

就在渡瀨謙因為業績不佳，而覺得「我果然不適合當業務，還是放棄」時，在旁邊看著他的主管，找他一起跑業務。

這位主管在部門內也是特別開朗的人，還是全日本頂尖的業務員。

「就算觀摩主管跑業務的樣子，也無法當成參考吧！」

渡瀨謙雖然心裡這麼想，但是既然主管特意邀請，他還是跟著去了，結果他看見出乎意料的景象。

主管在客戶面前沒有說話，他不像平常那樣炒熱氣氛，只是靜靜地聽對方講述，與平常的樣子判若兩人。

更讓人意外的是，這種推銷的形式莫名其妙地拉到業績。

渡瀨謙在回程時，驚訝地詢問主管：

「這麼沉默寡言也能拉到業績啊？」

結果主管回答：「說什麼傻話呢？跑業務當然是不要說話比較好啊！從這一點看來，你很適合當業務。」

這句話改變了渡瀨謙的命運。

不少業務員認為，跑業務時就是要不斷地說話，說服客戶購買商品。

實際上，許多販賣商品的公司也為了避免沉默，而準備一套話術，讓業務員背起來，要求業務員根據這套話術向客戶推銷。

以這種方式推銷的人，似乎覺得「沉默就是給客戶拒絕的機會」，這樣的思維把拒絕當成前提，因此重視的是如何破壞顧客拒絕的時機。

然而，這是賣方的理論，並沒有考慮買方的想法。

我現在完全不接聽打來事務所的推銷電話，因為太浪費時間了，但是以前卻經常聽打來事務所的業務員推銷。

如果電話的另一頭說個不停，會讓人覺得很不舒服。因為對被推銷的人而言，當對方滔滔不絕，不留給我們說話的機會時，就會忍不住心想：「他對我這個人一點也不感興趣吧！」面對一個完全不問我的喜好，只是一直說明商品優點的業務員，我實在提不起興趣向對方購買商品，而且我也很疑惑，「他連我是什麼樣的人都不清楚，要怎麼提供適合我的商品或服務呢？」

似乎很多電銷人員都因為害怕沉默會讓對方掛斷電話或開口拒絕，而不斷地說話，以避免沉默。但是對方說愈多的話，我對他推銷的商品或服務就愈不感興趣。

的確，或許也有不少人會在沉默時開口拒絕，但是如果對話中間沒有沉默（停頓），也無法表達想要購買的意願。

對客戶而言，必須先聽完商品或服務的優缺點，再對照自己的狀況，在腦海中消化整理，才能仔細評估要不要購買。

顧客想要的是整理、評估的時間。

因此，**推銷時要對商品進行一定程度的說明，並向顧客提出問題後，最好能稍**

在對話中沉默，能夠讓對方整理自己的想法。

微保持沉默，讓顧客有時間在腦海中消化整理。

我從事律師工作時，在聽完個案的諮詢內容，給予具體的建議後，會提議「我們也可以接下這個案子」。

但是這時候，我不會為了說服對方答應而說個不停。個案必須思考自己的困境、費用等許許多多的因素，並在腦海中進行整理，最後才決定是否要委託我們。

所以，我會給予對方充分的考慮時間。

我在對方整理好想法前會保持沉默，也不會提出下一個問題，所以有時候沉默的時間也會持續很久。

但是個案在仔細考慮後，多半都會提出正式委託。

所以，業務員也不必害怕沉默。我想，在提供客戶一定程度的資訊後就保持沉默，讓顧客有時間在腦海中整理資訊，或許就能提高成交率。

就像前面渡瀨謙的例子也提到，實際上做出好業績的業務員，在客戶的面前絕對稱不上健談，沉默寡言的人反而更多。

廣告文案裡的醞釀技巧

「真難喝！再一杯！」

大家知道這句廣告標語嗎？

這是Q'Sai公司的「青汁」產品在電視廣告中使用的標語，這支找來藝人團體「反派商會」的八名信夫代言的廣告，在播出後造成極大的迴響，成為當時熱門的話題。不過，這支廣告或許只有四十歲以上的人才知道，所以在此舉出另一個例子。

「對了，去京都吧！」

這是JR東海的廣告，我想大家應該都看過。這支廣告播出的期間很長，目的是邀請大家前往京都旅行。

我覺得這兩支廣告有著共通點，就是使用的文字簡潔，而且都有

「停頓」。

舉例來說，如果不使用停頓，只說：

「再一杯！」

「去京都吧！」

我想，就不會造成這麼大的迴響了。

由此可知，廣告標語也運用「停頓」的沉默。

「再一杯！」或「去京都吧！」都是標語要表達的內容，而藉由前面的「醞釀」，更加強化文字的力量。換言之，在「再一杯！」的前面，加上「好難喝！」與停頓，就能將「再一杯！」強調出來。而且大家在聽到「好難喝！」之後，如果有瞬間的停頓，就會立刻因為柴嘉尼效應，而好奇「咦?什麼東西好難喝？」進而被接下來的文字吸引。

「去京都吧！」也一樣，加上「對了」與停頓，就會讓人好奇是「什麼『對了』？」進一步引發興趣。

附帶一提，倒裝句也有同樣的效果。例如，iPhone 4 發表時的宣傳

標語「This changes everything. Again.」日文翻譯為「すべてを変えていきます。もう一度。」（改變一切，再一次。）這樣的句法會比「もう一度、すべてを変えていきます。」（再一次，改變一切。）更強烈。

如果試著把「對了，去京都吧！」改成倒裝句，就會變成：

「對了！出發吧！去京都。」

這句話透過使用二次停頓，發揮更強烈的效果。在構思網站或傳單標語時，或許也可以考慮使用這樣的停頓技巧。

法庭可說是我的工作場所，而「沉默」在法庭中也發揮了極大的作用，法官在宣告判決前會先沉默。

當法官說完「本庭在此宣判……」後，會有一段沉默的時間。這時候除了原告與被告外，檢察官、律師、旁聽者都會屏息專注法官接下來要說的話。

法官會趁著大家意識集中時宣告判決。沉默後的那句話，會變得既嚴肅又有分量。

同理，當你宣布什麼重要的事情前，如果能先沉默一陣子再開口，說出來的話就會被強調。強而有力的話語，其實是由沉默打造出來的。

除此之外，還有一種長期使用的廣告文案形式，稱為「鋼琴文案」，這也是運用沉默的案例。「鋼琴文案」是傳單的標題，內容如下：

我坐到鋼琴前面，大家都嘲笑我。
直到我開始彈奏……

以上就是行銷業界俗稱的「鋼琴文案」，寫出這句文案的人，是約翰．卡普雷斯（John Caples）。

大家想必都看過運用這種形式的廣告文案，鋼琴文案透過「不說」重點的沉默，讓看到文案的人產生興趣。

本書的「前言」也運用了這項技巧。

「前言」的標題是：

有一個瞬間解決人際關係煩惱的方法，那就是……

這句標語的企圖，就是吸引「想知道瞬間解決人際關係煩惱的方法」的人閱讀本書。

第一章也曾介紹，這在心理學上稱為「柴嘉尼效應」。

柴嘉尼效應是一種「對於無法達成的事情或中斷的事情更感興趣」的人類心理。

愈接近完成的事物，愈能提高人類的關注度。在說出真正想說的事情前先「醞釀」，也和這樣的心理狀態共通。

不習慣製作廣告的人，在寫文案時，會把想要傳達的內容鉅細靡遺地寫出來，結果文案變得太長，反而讓人不想閱讀。

與人溝通時，在適當時機傳達適當內容相當重要。但是如果想要傳達的事情變多，語句也會增加，有時候反而會讓人搞不清楚主旨。這時候可以試著反向思考，透過減少語句的數量來「醞釀」，說不定就會更容易傳達。

這裡列出本書最重要的部分

接下來要告訴大家，本書中最重要的部分。

就是當你想要發表重要的事情時，可以在說完「接下來要說一件重要的事情」之後先沉默，然後再說出這件事。

你翻到這一節時，看到標題寫著「接下來寫的是本書最重要的部分」，想必會比閱讀其他章節時更專心。說不定你正站在書店翻閱，而且在看了目錄之後，就會先翻到這一節。

這就是我使用這個標題的目的。

換句話說，這個手法就是透過「鋪陳」引發別人的興趣。

發表重要的事情時，「鋪陳」就和說話的內容一樣重要。

經常使用的鋪陳如下：

「我只在這裡說。」

「這件事情我只告訴你一個人。」

「這件事情在別的地方不能說。」

這樣鋪陳帶來的效果，就是讓你與對方的關係變得特別，使對方意識到「這件事不能跟別人說，但是特別只告訴我」，於是就會預期你接下來將說出高價值的資訊。

由此可知，**在發表重要的事情之前，先給出「等一下要說的事情很重要」的訊息（鋪陳），就能讓對方把注意力放在接下來內容。**

鋪陳在人數多時也有效。上課或講座等參與人數眾多的場合，經常會出現漫不經心打瞌睡的人、與隔壁同學說悄悄話的人等，如果對這樣的狀態置之不理，甚至連認真聽講的人注意力都會下滑。

所以，如果希望他們認真聽重要的內容，就可以使用鋪陳。

以上課為例，「等一下要說的內容，考試會考」就是有效的鋪陳。學生上課的目的是在考試中取得好成績，所以當然就會專心聽講。

如果反過來，在沒有鋪陳的情況下講解考試的重點，之後才說：「剛剛說的考試會考，請牢牢記住。」學生大概會抱怨：「什麼！我剛剛沒在聽啊！」

我在講座中經常使用的鋪陳是「這個部分很重要」，當我這麼說時，低頭看講義的學員都會抬頭。

學員喜歡讓他們覺得「能夠學到好東西」的講座，而且他們也不可能記住講座中的所有內容，所以重點式地告訴他們幾件印象深刻的事，反而能提高滿意度，因此鋪陳就相當重要。這時候也一樣，在說完「等一下要講的內容很重要」後，沉默一下，更能吸引學員的注意。

對方的沉默不一定代表同意

當你把一件事情告訴對方後，如果對方沉默，你會怎麼想呢？

如何解釋對方的沉默，對溝通非常重要。例如，在職場上，有時上司對部下做出指示後，會為了確認，而詢問：「沒問題吧？」假設這時候部下沉默以對。

這種情況可以有下述三種解釋：

一、部下同意。

二、部下正在思考。

三、部下不同意。

換句話說，沉默不一定代表同意。

特別需要注意的是，「正在思考」與「不同意」時。

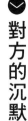

因為如果不在這時候取得明確的同意，日後發生問題時，部下就可以反駁「我那個時候明明就不同意的」，沉默就保留了這樣的餘地。

舉例來說，聽了上司的話之後，沉默思考的部下，心中所想的內容也有好幾種模式：

- 因為不理解指示的內容而思考。
- 思考著該如何執行指示的內容（不知道該怎麼做）。
- 必須兼顧其他工作，覺得難以執行。
- 覺得這樣的指示太高估自己。
- 覺得上司的指示是錯的。

基本上，部下雖然會朝著執行上司指示的方向思考，但能不能完成符合上司期待的工作，卻是一個未知數。尤其是儘管理解指示的意義，卻不知道該如何執行的情況，最後完成的工作可能會與上司的想像不同。

舉例來說，在某場拳擊比賽中就曾鬧過這樣的笑話。助手對選手做出「用腳啊！用腳！」的指示，結果選手竟然違反拳擊規則，用腳踢人，像這樣指示內容與對方的理解相差十萬八千里的狀況也不少。

此外，有時候即使理解上司的指示，卻不同意行動。尤其在忙碌的職場上，部下對上司的指示可能會抱持著「老是臨時叫我做一些事情」的不滿，而這樣的不滿或許就會透過沉默來表現。

在這種狀態下，如果上司將沉默視為同意，但是部下卻覺得自己沒有回答「好的」，所以代表不同意，這項工作就無法完成。

站在上司的立場，或許會想要抱怨：「到底要我說幾次，你才會懂？」但是在這種狀態下，說再多次都一樣。「說出來對方就會懂」、「我說過了吧」、「只要我說出來就沒問題了」，我覺得這個世界上，相信只要自己說出來，就能把內容確實傳達給對方的人出乎意料地多。

但是對方的大腦完全不同於自己的大腦，對事情的理解不同，經驗也不一樣。我們必須知道，正確地把自己說出來的事傳達給對方，與對方能否正確理解，完全是兩個不同的問題。

想要理解對方的沉默是什麼意思，只能靠對方告訴我們。

這麼理所當然的事還要特地說出來，就是因為雖然大家在理性上可以理解，但是實際付諸行動的人卻出乎意料地少。

多數上司在覺得部下不懂時，會用更多的話語來說明，知道要詢問部下：「你哪裡不懂呢？」這樣的上司應該是少數吧！

提出問題後，請靜待對方開口回答。

畢竟不是自己把話說出來就萬事大吉。

與指示型相比，我更推崇提問型管理，因為我覺得確認對方的理解與同意，是一件重要的事。

不靠語言溝通造成的影響

現在感受到語言重要性的你，過去應該也曾有過不使用語言，就隨心所欲指使別人的經驗。

這個經驗發生在當你還是嬰兒時。

想必沒有什麼是比嬰兒更能隨心所欲指使大人的存在吧！

嬰兒不會說話，但是可以運用哭泣、改變表情、發出聲音等，神奇地讓大人動起來。嬰兒一哭，大人就會手忙腳亂，猜測寶寶是肚子餓了嗎？還是想喝奶呢？或是要抱抱、想玩玩具等，最後嬰兒就可以隨心所欲得到想要的，這就是我們受到語言外溝通影響的證據。

此外，語言以外的事物有時也會影響我們的情緒。

譬如，在以動物為主角的電影中，動物雖然不會說話，但是牠們的行動卻能帶給我們共鳴，讓我們流下眼淚。像是以狗為主角的電影，就催淚到讓人忍不住想說：「用這種方式賺人熱淚真是太狡猾了。」

又譬如，以前有一部史蒂芬．史匹柏（Steven Spielberg）執導的熱門電影《E.T.外星人》（*E.T. the Extra-Terrestrial*），電影的主角就是一個幾乎不會說話的外星人。

有些人也會用語言之外的方式與寵物溝通，把牠們當成人類對待。我想這些溝通的深處，都有著好感與信賴。

「不說話無法影響別人」並非事實。

因為語言不是一切。

平常的行動就能儲存「好感餘額」與「善意餘額」，也能提取出來。

「誰說的」是一種信賴關係，比「說什麼」更加重要。

除了語言之外，我們也具備同理對方的能力。

就同理這一點來看，一般都會說「女性的同理能力比男性更高」。我想，這也是她們能透過嬰兒的哭泣方式與表情，判斷嬰兒想要什麼的原因。如果這個推論正確，也能知道男女之間在溝通上出現誤會的理由。

舉例來說，假設女性能從對方的表情，判斷對方是同意還是不滿。由於女性可以從對方的表情判斷其情緒，所以難怪她們會以為男性也具備相同的能力。換句話說，她們明明透過不滿的表情與沉默，對男性展現自己的想法，但是男性看到之後，可能會以為「既然她沒有說話，應該就代表同意這件事」。結果就會變成，男性覺得「我以為妳不說話就是同意」，女性卻覺得「你看到那樣的表情還會覺得是同意，真是讓人難以置信」。

女性之間的對話可以聊到天長地久，而男性的對話卻無法長久持續，或許也是因為如此。

避免節奏失誤的「白目對話」

這個世界上存在著白目的人。

譬如，在錯誤的時機插嘴，打斷對方的話，或是把不該說的事情說出口，導致周圍氣氛尷尬。你身邊也有一、兩個這樣的人吧！

看到這樣的人，雖然會愕然「他怎麼會說出這樣的話？」但是我們說不定也在沒有注意時，說出什麼節奏不對的白目對話。

本書談論的是沉默與節奏的重要性，但「節奏」是一把雙面刃，如果使用方法錯誤，可能會導致人際關係惡化。

接下來，就讓我們想想什麼是「節奏不對」。

「白目的人」有下列三種模式：

一、說話時機不對。

二、說了不該說的話。

三、自我中心。

接著就讓我們立刻來看看。

一、說話時機不對

時機不對，指的是無法讓對話有來有往，譬如下列這些行動：

- 在對方說完之前插嘴。
- 不把話聽到最後，就說「這個我知道」。
- 在對方沉默思考時，說「那我換一個問題」等，用其他問題打斷對方的思考。

二、說了不該說的話

有些人會脫口而出不能說的話，或是對方不想聽的話，像這樣把不該說的事情說出來，也是一種「節奏不對的白目」。

譬如，許多性騷擾的發言，就是受到錯誤的節奏影響。

脫口而出這些發言的背後，隱含著輕視對方的意識。但輕視對方與無法肯定自己其實是一體兩面，其中具有想要滿足自我重要感的需求，希望透過貶低對方，來感覺自己是相對重要的人；而獲得他人肯定，自我重要感得到滿足的人，就不需要貶低別人，因此也不會做出這樣的發言。

如果遇到習慣說出不該說的話，藉此貶低對方的人，只要去想：「唉，這個人的自我重要感低落呢！」就不會那麼生氣了。

三、自我中心

不懂得看臉色的人，也是一種節奏不對的白目。

舉例來說，有些人聽到對方說：「我昨天加班到晚上十一點。」就立刻不服輸地說：「我加班到半夜一點。」

這些人的特徵如下：

- 想要勝過對方。
- 想要搶過對方的話。
- 把話題變成自己想說的話。
- 不在意對方的時間，滔滔不絕地說下去。

做出白目發言的根本理由是「不在乎對方的事情」，或是「無法站在對方的立場思考」，而這樣的感受就會帶來性騷擾或職權騷擾。

我是法律專家，因此在思考防治性騷擾或職權騷擾的方法時，會從制度面切入，譬如採取以下這些措施：

- 由公司高層向全公司發布消滅性騷擾、職權騷擾的重要措施。
- 在公司內明確定義性騷擾與職權騷擾的內容，規範禁止事項，制定懲戒與其他罰則。
- 實施員工研習。
- 在公司內部設置性騷擾、職權騷擾的諮詢窗口，使騷擾容易被揭發。

防治騷擾時，雖然可以像這樣從制度面切入，但更根本的解決方法是培養「尊重對方」的意識。

做出性騷擾與職權騷擾行為的人，從根本上透露出「只要對別人採取輕視、威權的態度，就能站到優於對方的立場」的想法；換句話說，他們因為自我重要感低落，所以才會貶低別人。我想，只要當事人能夠理解這一點，就能減少職權騷擾或性騷擾的發生。

然而，要自目的人變得機靈或許很難，但是可以培養在憤怒情緒湧現時，反省自己的習慣。

之前也曾介紹，心理學家阿德勒說：「憤怒，是用來達成『支配他人』這個『目的』的行動。」

但是除了憤怒外，還有其他方法可以達成與對方溝通的目的，就是傾聽對方說話，取得對方的好感與信賴。

對話中斷不代表「不合拍」

多數人在對話出現沉默時，會覺得「必須說些什麼才行」。

這些人似乎擔心對話中的沉默，會讓對方感到「聊得不太開心」，或是「這個人好像跟我不太合拍」等。換句話說，他們覺得串連人際關係的是對話，如果對話陷入中斷或沉默，就代表「人際關係沒有建立」。

但我甚至認為，沉默其實才是人際關係的最終目的地。某天，我坐在公園的長椅上，有一對老夫婦來到旁邊的長椅，而後默默地坐下來，什麼話也沒有說，只是看著眼前的池塘。

他們偶爾互相凝視、微笑，就這樣度過一段時光，而後兩人緩緩站起來，又再度相親相愛地前往其他地方，這是相當溫馨的景象。

我也看過同樣的年輕情侶，兩人坐在長椅上，女孩的頭依偎著男孩的肩膀，手牽著手，一直都不說話。兩人偶爾望向彼此，露出幸福的表情。

這對老夫婦或情侶之間沒有對話。

但是，他們的人際關係沒有建立嗎？

不如說是相反。

他們即使什麼話也沒說，依然有著互相信賴的關係。或許正因為人與人的連結堅強穩固，所以才沒有什麼說話的必要吧！

換句話說，建立人際關係時，首先透過對話深入了解彼此，而後在交往過程中，逐步建立穩固的信賴。最後，來到即使什麼話也沒說，彼此依然深入了解的地步。就這一層意義看來，我想沉默或許就是人際關係的最終目的地。

話雖如此，即使處在這樣的關係中，有時也會對彼此感到憤怒，這種時候應該怎麼辦才好呢？

史蒂芬・柯維（Stephen Covey）所寫的《第三選擇：解決人生所有難題的關鍵思維》（*The 3rd Alternative: Solving Life's Most Difficult Problems*）[8]一書中，就給出了提示。

書中寫道，美國原住民的集會中有個習俗，就是發言者在表達意見

8 中文版：史蒂芬・柯維著，姜雪影譯，《第三選擇：解決人生所有難題的關鍵思維》，天下文化，二〇一三年一月。

時，會握著一根「發言權杖」。集會中規定，在手握權杖的發言者覺得眾人充分理解自己所說的話之前，誰都不能插嘴，因此人人都能充分表達自己想說的事。

當關係親密的人對彼此感到憤怒時，或許運用這樣的手法就能順利解決。爭執多半來自對彼此的誤解，所以我想只要試著仔細傾聽對方的理由，通常都能接受對方的想法。**為了化解對彼此的誤會，在對方發言時，請忍住想要插嘴的衝動，聽他把話說完。**

所以在吵架時，可以想像對方像美國原住民一樣握著發言權杖。當對方開始發言時就保持沉默，直到對方把所有的話都說出口，再開始靜靜地說明。

等到彼此的誤會解開後，對話就變得不再必要了。我想這時候，或許就可以回歸沉默，回到靜靜感受彼此的時光。

導致夫妻失和的爭執原點

一對情侶光是安靜地凝視對方，就能確認彼此的愛情。

然而，一旦結婚後，就是日復一日，漫無止境的爭吵。

為什麼成為夫妻之後，就會不斷地吵架呢？

為什麼大家常說夫妻吵架，卻很少說「情侶吵架」呢？

我想，首先是因為一起生活後，就會發現價值觀的差異變得明確，而且彼此之間也不再客氣。

此外，我想雙方都深深以為夫妻當然應該理解彼此，所以在對方的行動不符合預期時，就會發展成爭執。

當然，爭執的發端是語言。

想要促進對彼此的理解，靠的不只是語言，但是如果覺得沉默讓人尷尬，就會忍不住說出過多的話，而話變多時，就更有可能連不該說的事情都說出口。

接下來為大家介紹夫妻吵架的典型模式。假設丈夫下班之後帶著一身疲倦回家，而妻子卻想跟他說話。

妻子：「我跟你說。」

丈夫：「怎麼了？」

妻子：「今天開家長會時，明明要求大家要準時，A卻遲到了。」

丈夫：「遲到確實不太好。」

妻子：「所以我就說了他兩句，結果他說因為聯絡得太晚，已經先安排其他的事。」

丈夫：「你們什麼時候聯絡的？」

妻子：「三天前。」

丈夫：「這樣太趕了，難怪A會這麼說，下一次應該再早一點聯絡會比較好。」

妻子：「你說這句話是什麼意思？是我的錯嗎？」

丈夫：「我沒有這樣說啊！」

妻子：「算了，隨便你。」

丈夫：「妳幹嘛生氣啊？」

這樣的吵架，大家也都心裡有數吧！

關於男女大腦的差異，有著各式各樣的研究，其中一說認為，女性追求的是同理，男性追求的則是結論。

丈夫針對妻子的話給出自己的答案，但妻子需要的卻是同理。我想，這時候只要靜靜地聽妻子說完，再回應一句「真是辛苦妳了」，或許就不會吵架了。

此外，亞倫・皮斯（Allan Pease）與芭芭拉・皮斯（Barbara Pease）合著的《為什麼男人不聽，女人不看地圖？》（*Why Men Don't Listen and Women Can't Read Maps*）[9]一書中，也有如下的敘述：

---

9 亞倫・皮斯、芭芭拉・皮斯著，羅玲妃譯，《為什麼男人不聽，女人不看地圖？》，平安文化，二〇〇〇年十月。

全世界的男人都會對女人大叫：「妳可不可以說得清楚一點！」女人說話會兜圈子，用拐彎抹角的方式表達自己的期望。委婉的話術是女人的專利，而她們這麼做有著明確的目的——避開攻擊、對立與不合，藉此親近對方，建立關係，這是身為護巢者的女人，維護和諧的重要手法。

閱讀本書的男性，或許也曾因為想從女性的話語中得到結論而感到焦躁；另一方面，女性或許也曾在希望對方傾聽時，因為男性自顧自地表達自己的意見，而對男性感到不耐煩。

如果男女的大腦結構不同，對方就不可能直接理解自己的想法。安靜傾聽對方的話，是了解異性的重要方式。

提高「好感餘額」和「信賴餘額」

本書把焦點放在過去一直認為在對話中必須避開的「沉默」，並且主張沉默不應該迴避，反而應該有效運用，為此也介紹幾個技巧。但本書介紹的技巧不是用來控制對方，也不是教人如何透過控制對方來獲得自我滿足。

運用沉默理解對方的想法，同時也讓對方聽懂自己的話，才是最重要的。如此一來，才能建立更良好的關係，提高彼此的「好感餘額」與「信賴餘額」。

如果跳過這點，只是大量使用技巧，反而會被視為膚淺的人。這個世界上早已充滿各種心理技巧的資訊，許多心理技術與交涉技巧，都把重點放在「如何控制對方」，但是如果對方知道這些資訊，就能看透你的意圖，這會造成什麼後果呢？你的「好感餘額」與「信賴餘額」想必就會逐漸減少。

在日常生活中，會遇到許多意見與對方相左的情況，這代表彼此價值觀的不一樣。我們往往會否定價值觀與自己不同的人，但是價值觀並沒有優劣善惡。

舉例來說，上司有時會斥責部下，其中也有一些上司只是想要發洩自己的情緒。然而，理性的上司在斥責部下時，應該是想要教育對方。如果部下只會反駁，就是不懂這樣的心理；部下應該要閉上嘴巴，仔細傾聽上司的話，致力理解對方真正的意圖。但是如果即使做到這樣的地步，還是無法接受上司的指導，該怎麼辦才好呢？

這時候當然應該表達自己的意見，但是表達的方式也必須注意。譬如，要是部下對上司說：「我覺得這個想法是錯的。」上司會怎麼想呢？他的自尊心會受傷吧！對部下而言，較好的做法或許是，不要站在否定的角度，而是嘗試從「提供資訊」的角度，告訴上司：「或許也有這樣的想法，不是嗎？」

我們也反過來站在上司的立場想一想，部下有時會在你斥責他時反抗，這或許是單純的自我防禦，但其實也可能只是他不知道該做何反應。所以，這時候不要只顧著罵人，必須反過來鼓勵部下表達意見，並且安靜傾聽。

如果想要傳達重要的事，與其滔滔不絕地說服對方，還不如稍微安靜，傾聽對方說話。先沉默一下，再把重要的話說出來，效果會更好。

良好的溝通不是為了讓其中一方得利，而是為了取得雙方的共識，達成雙方的目的。

在這個前提下，沉默有時會比說個不停更有效，這就是我想告訴大家的事。

靠沉默改變情勢的五個關鍵

＊沉默本身就是一種交涉技巧。我們在對方沉默時往往會說出一些不利自己的內容，也可以運用沉默造成對方不安，藉此獲取對方的情報或使對方讓步。

＊沉默不只能在對話中帶給對方影響，對於控制自己的情緒也

很有效，如果在對話中感到憤怒，可以運用沉默緩解情緒，平息怒氣。

*最佳業務員要說服對方，不是光靠滔滔不絕，不斷說服顧客購買產品，運用話術不停推銷，深怕一旦停頓就會被拒絕，事實上應該留給顧客評估產品的考慮時間。

*在對方發言時，不要插嘴或脫口說出不能說的話，保持沉默，別讓白目的對話毀了你和對方的關係。

*不是只有一直對話才有意義，有時候人與人之間的連結穩固，就沒有說話的必要，靜靜感受彼此的沉默，有時也是溝通的一種方式，體會無聲勝有聲的時刻。

03

有效結合沉默與行動

——從控制距離到運用心理技巧

別人對你說的話，只相信七％？

你知道自己的話能帶給對方多少影響嗎？

在此先公布答案——只有七％。

發話者帶給傾聽者的影響，由「語言資訊」、「聽覺資訊」、「視覺資訊」這三者組成，據說三者的影響力分別如下：

語言資訊——七％

聽覺資訊——三八％

視覺資訊——五五％

聲音（聽覺資訊）與外表（視覺資訊），竟然占了九三％。

正可謂「九成靠外表」。

不知道這件事的人，或許會相當震驚吧！無論說了多棒的內容，都還是會輸給外表好看的人。如果這是真的，實在是一件殘酷的事實。

美國心理學家亞伯特・麥拉賓（Albert Mehrabian）在一九七一年根據研究與實驗，發表發話者如何影響傾聽者的數據資料，於是大家開始得知這件事。

就像本書也曾提到的，沉默時的溝通帶給對方的影響比說話更強烈。

人類除了語言溝通的能力外，也具備非語言溝通（non-verbal communication）的能力。

舉例來說，假設對方聽了你的推銷電話後，說道：「好的，我知道了，我會考慮的。」這時候應該能夠透過對方的語調，推測他會買還是不會買。

這種推測的能力，就是非語言溝通。

換句話說，只要調整好聲音與外表，說什麼都不重要嗎？這麼想又有點過於武斷，其實麥拉賓的法則是有前提的。

他的實驗方法如下：

一、設定讓人聯想到「喜歡」、「討厭」與「中立」的詞彙，分別使用帶來不同印象的語調說出來，並且錄成聲音（如呼喚情人的「honey」，就是讓人聯想到「喜歡」的詞彙）。

二、準備露出「喜歡」、「討厭」、「中立」表情的照片，請受試者看矛盾的組合。

三、詢問受試者感受到的情緒是「喜歡」、「討厭」或「中立」。

四、分析結果後發現，剛才的語言資訊占七％、聽覺資訊占三八％、視覺資訊占五五％。

不管說出來的話有多「開心」，只要語調或音量與之矛盾，聽起來很無聊，對方感覺到「無聊」的比例就會偏高（三八％）。如果在態度上嘆氣等，依然有較高的比例（五五％）傳達給對方「無聊」的感受。

換句話說，麥拉賓的實驗得到這樣的結果：「當語言與非語言矛盾時，非語言的影響力較大。」

所以，並不是「只要整理好外表，無論說什麼都能影響對方」，也不是「應該重視外表更勝於內容」，而是「如果沒有真心誠意，不管說得多好聽，都會被對方看穿」。

當語言資訊、聽覺資訊、視覺資訊彼此矛盾時，會讓接收資訊的人感到混淆。根據麥拉賓的法則，在這種情況下，接收資訊的人最後會以表情或外表的資訊為優先。

所以，與他人溝通時，最重要的就是避免矛盾的產生。

話說回來，造成矛盾的原因就在於太多嘴。

譬如，在法庭上做偽證的人，共通點就是藉口很多。而話說得愈多，就愈容易出現矛盾。所以，如果我方沉默傾聽，指出矛盾點，主張就容易被接受。

反之，如果說話的內容沒有矛盾，聽覺資訊、視覺資訊完全符合語言資訊，就更容易傳達自己的想法。

具體而言，傳達悲觀的事情時，刻意壓低音調，用煽動危機感的聲音、臉上帶著悲傷的表情說話，就更容易讓對方感受到悲觀，接著再以帶著笑容的表情、積極的語言，開朗地說出改善策略，對方就會更容易接受。

如果想要參考麥拉賓的法則，就必須隨時意識到非語言溝通有多麼重要。

無論說出來的內容有多好，只要與外表互相矛盾，就無法取得他人的信任。

由此可知，人類具備非語言溝通的能力，所以即使不費太多口舌，也能帶給對方影響。

本章將介紹讓沉默更具威力的非語言溝通。

勝負在開口前已經分曉

據說第一印象在見面後的六到七秒就會決定。

而且對方直到很久以後，都還會保留著對你的第一印象。

我想各位透過上一節介紹的麥拉賓法則，就能理解外表也會大幅影響第一印象，而且如果一開始帶給人很差的印象，日後想要挽回就會非常困難。

換句話說，我們帶給對方的印象，在開口之前就已經決定了。

我最近或許是因為年紀的關係，漸漸不太喝酒了，但是年輕時常和朋友續攤到深夜，發酒瘋的情況也不少。如果這時候認識的人被捲入官司，他們會在需要律師時來委託我嗎？有點難說。

他們說不定會覺得，「就算委託那個傢伙，他也不會真心為我著想吧！反正他今晚不知道又要去哪裡瘋到半夜，大概老早就把我的官司拋到九霄雲外了」，無論我再怎麼強調「這是工作，我當然會全力以赴」，也難以抹除一開始的印象。

這個例子想讓大家思考的是，我在下班後喝酒狂歡這件事，與我的辯護能力完全無關。我在給予法律諮詢時會全力以赴，而從目前為止的成績來看，我也有信心擔任值得信賴的律師。

但是在這種情況下，會變成需要大費周章才能扭轉第一印象（取得信賴感）。

所以，**我希望你也能在與別人見面時，充分注意第一印象，因為勝負在開口之前就已經分曉。**

附帶一提，你希望律師帶給自己什麼樣的印象呢？應該還是沉穩、值得信賴，看起來能為自己的案子全力以赴吧！所以，我會在第一次與客戶面談時，緩緩地開門，以大方的態度慢慢走進房間裡，說話時也會用比平常略低的聲音，用心營造沉穩的氣氛。

這麼一來，就能打造出客戶理想中的律師形象，讓信賴關係更容易建立。這絕對不是在欺騙對方，只是不想帶給對方錯誤的印象而已。

像這種「初始效應」影響對方印象的期間，會比我們想像中更長。

舉例來說，父母永遠都把孩子當成孩子，就是因為即使看到孩子長大成人，依然強烈地保留小時候的印象，尤其如果擔心的是離家獨立，見面機會逐漸變少的孩子，或許就是因為孩子曾經讓他們覺得不可靠吧！由此可知，**人們最初抱持的印象很難改變**。

同理，最初印象在工作上也非常重要。

如果最初的工作搞砸了，就會給人「工作能力差」的印象，即使後來的工作都順利進行，或許還是會因為當初失敗的印象太過強烈，而讓人覺得「這一次的成功只不過是偶然」。

「錨定效應」（Anchoring Effect）是初始效應的應用。

所謂的錨定效應是一種心理傾向，指的是最早提出的特徵或數值會成為基準點（錨點），日後都會根據這個基準點的範圍進行判斷。

舉例來說，看過「一百萬日圓」的時鐘後，再看「十萬日圓」的時鐘，就會把一百萬日圓的時鐘當成衡量的基準，而覺得十萬日圓的時鐘很廉價。

除此之外，也能透過外表上的特徵，營造帶給對方的印象。

舉例來說，如果想讓人覺得自己是「一絲不苟的人」，戴上眼鏡、把髮型三七分，就能達到目的。

留意動作的快慢與幅度

身體的動作也會大幅影響與對方的溝通。

譬如，握手。

雖然慣用手也會有影響，但通常是右手握右手，如果別人在握手時伸出左手，你會有什麼感覺呢？

你想必會覺得異樣，懷疑是否有什麼意涵，甚至覺得是惡兆。

此外，在大學之類的課堂上，讓學生覺得上課有趣的老師與上課無聊的老師之間的差別，也不只在於說話的內容，還在於動作。

低頭看著筆記，自顧自說個不停的老師，與穿插著肢體語言，看著學生講課的老師，帶給人的印象截然不同。

聽眾容易聽懂的演講，有下列三個重點。

一、眼神接觸

眼神在非語言溝通中，扮演重要的角色，甚至還有人說：「眼睛比嘴巴更會說話。」如果說話時，眼睛迴避對方，看起來就會缺乏自信；但是另一方面，也能藉由注視聽眾，表達「我很把你當成一回事」的想法。

而眼神在演講或簡報中也很重要，所以說話時不要低頭，要不時抬頭看一下聽眾，就能給人較好的印象。

二、以開放的狀態面對聽眾

演講時，如果能保持開放的狀態，不要擺放講台之類阻隔自己與聽眾的東西，就能讓彼此的溝通更圓滑。此外，採取抬頭挺胸的姿勢，不要駝背，就能看起來充滿自信。

看「TED Talks」的影片就能發現，幾乎沒有人在舞台上擺放講台。因為不擺放任何東西的舞台，能夠拉近講者與聽眾之間的距離。

相反地，如果想要與對方保持距離，可以坐在桌子兩側之類。此外，在自己與對方之間放置物品，好比在自己的正前方放一台打開螢幕的筆記型電腦，像是要擋住自己一樣，就能把自己與對方的距離拉得更遠。

三、放大肢體語言

有沒有說服力，看的不只是說話的內容，還有發話者傳播的能量。放大肢體語言，能量就會更容易傳播。

大幅度的動作，具有吸引對方的力量。

譬如，政治家進行街頭演說時，必定會伴隨著大幅度的手勢，因為這麼做能帶給聽眾可靠、強大之類的印象。

納粹德國的希特勒，就是運用這個技巧的佼佼者。

希特勒宏亮的聲音與吸引聽眾目光的肢體語言，獲得當時德國國民壓倒性的支持。

而大幅度的動作手勢不僅可以加強說服力，也能為自己帶來自信。

再者，溝通也有透過眼神交換能量的面向。

演講或簡報時，大大方方地看著聽眾，放大肢體語言。

譬如，在格鬥技的比賽開始之前，選手會先採取戰鬥姿勢，彼此互相瞪視，雙方都不會移開眼神，因為移開眼神的當下就代表「輸了」。

有些人與這些格鬥家相反，在演講時扭扭捏捏，身體動來動去，看起來實在很缺乏自信。讓人忍不住覺得，這位講者是不是為了避開聽眾的眼神，而無意識地扭動身體？

當自己因為聽眾的目光太強烈而轉移視線時，當下的氣氛就會變得尷尬。

不可忽視服裝的力量

法官一年到頭都穿著黑色的正裝。

大家知道為什麼嗎？

因為法官身為法律守護者，進行判斷時必須獨立於利害關係人之外，所以也不能受到任何人影響。換句話說，法官因為「不能染上任何顏色」，所以才會穿上黑色的法袍。

事實上，黑色的法袍也能帶來附加效果，就是讓人對法官的威嚴留下印象，並認知到他扮演著進行重要判斷的角色。

舉例來說，如果法官穿著輕便商務服裝登場，接受審判的人會怎麼想呢？

又或是企業之間打官司時，律師穿著牛仔褲上場，又會帶給人什麼樣的感覺？

雖然服裝不會改變判決的內容，卻會帶給參與這場審判的人完全不同的印象。

由此可知，服裝也具備非語言溝通的功能。

譬如，健康食品廣告裡的醫師一定要穿著白袍，因為白袍能讓看廣告的人認知到「這個人是醫生」。

頭銜也和服裝一樣能夠展現權威，但是服裝能發揮比頭銜更強大的非語言溝通力。

羅伯特・席爾迪尼（Robert Cialdini）的著作《影響力：讓人乖乖聽話的說服術》（*Influence: The Psychology of Persuasion*）[10]裡，寫出下列的研究結果。

委託人叫住路人，指著站在停車收費碼表旁的男性，接著做出下列請託：

「那個人想把車開出來，但是不巧沒有零錢。因為現在已經超時了，可以請你借給他一點零錢嗎？」

委託人穿著普通衣服的情況，與身穿警衛制服的情況，路人的反應截然不同。前者只有大約一半的人答應，但是後者卻幾乎所有的人都答應了。

可見我們無法違抗服裝的命令。

除非在太熱的季節，否則我去見客戶時，都會穿西裝、打領帶，因為這是讓律師獲得信賴最簡單、確實的方法。

在商場上穿什麼衣服不能只憑自己喜好，考慮服裝搭配時，還必須

注意帶給對方的印象。

善用「月暈效應」打造影響力

電視節目有時候會請律師擔任名嘴。

律師是法律專家，負責各種事件，因此可以說通曉所有社會資訊。舉例來說，討論外遇問題時，律師也可以提供法律上的見解，所以有時也會出現在談話性節目上。儘管律師可以從法學專家的立場討論外遇，但是能不能討論愛情觀就讓人存疑。不過話說回來，愛情觀是個人的主觀意見，原本就不屬於專業知識的範圍。但是觀眾依然會覺得律師的意見很有道理。

這是為什麼呢？

10 中文版：羅伯特．席爾迪尼著，閭佳譯，《影響力：讓人乖乖聽話的說服術》，久石文化，二〇一七年七月。

其實不只律師，談話性節目也經常邀請大學教授或特定領域的專家來評論。

這是因為別人以為像我們這種在特定領域擁有深厚知識的人，在其他領域的知識也會同樣深厚。

這種錯誤的認知稱為「月暈效應」（Halo Effect）。

我們以為的常識，多數帶著偏見。譬如：

「公務員＝一絲不苟」

「政治家＝雙面人」

媒體就會利用這樣的偏見來撰寫報導，譬如無論公務員或上班族都有可能發生醜聞，但是我們之所以會有「公務員怎麼會發生這種事……」，或「大企業的員工怎麼會發生這種事……」的印象，就是因為偏見，因而媒體利用帶有偏見的報導，吸引讀者的目光。

政治家的醜聞也因為有著「果然如此」的偏見，而獲得高度關注。

這麼一想就會發現，如果想讓別人覺得自己是一個「聰明的人」，只要利用「月暈效應」就可以了。執行方法有下列兩種。

一、成為特定領域的專家

人們看到在某個特定領域擁有深厚知識與洞察能力的人時，就會以為他在其他領域的知識也同樣深厚、看得同樣透徹。

譬如，森永卓郎原本是經濟學專家，他的本業是在綜藝節目《紮實星期一!!》中擔任來賓，介紹商業機制，但是他身為名嘴，有時候也會被要求提供一些與經濟學無關的意見。森永卓郎能以自己的專業領域為中心，提出優秀的見解，而聽的人也會對他產生了解很多事情的印象。

二、廣泛擁有各類領域的知識

多數人看到別人廣泛擁有各領域的知識時，都會覺得「這個人什麼都知道」，進而想要聽他說話。就算是擁有專業領域的人也不能倖免，他們喜歡與在自己的專業領域之外，擁有豐富知識的人說話。

譬如，上田晉也是超人氣主持人，從綜藝節目到運動節目都對他趨之若鶩。他擁有廣泛的見識，說話也符合搞笑藝人有趣的風格，很多見解都讓聽的人覺得很有道理，所以「想要聽他說更多」；另一方面，他也擅長引導專家說出見解，所以雖然是藝人，卻能進行拳擊解說，就連專家也受到他廣泛知識的吸引。

這兩種方法沒有優劣之分，只要選擇適合自己的方法即可，兩者兼備當然也可以。

我會以律師的身分拜訪各個職業的客戶，因此除了法律的專業知識外，我也會盡可能地廣泛蒐集各領域的資訊。

行動與情緒也有「慣性定律」

消沉、提不起勁時，你會怎麼做呢？

不去管它，反正「過一陣子就會好了」也是一種方法，但是出社會工作的人，不可能說「我覺得有點懶，所以要休息」，就算不想做也得做。

這時候，該怎麼做才能振奮精神呢？

物質有慣性。

如果靜止的物體沒有受力，就會永遠靜止；反之亦然，如果不對移動的物體施力，這個物體也會持續保持移動的狀態，這樣的現象稱為「慣性定律」。

人類也一樣，如果對提不起勁的狀態置之不理，就不可能振奮，而是必須施加某些外力。

幾乎所有人都誤以為「靠著意志力就能振奮精神」。

但是，其實靠著精神拿出幹勁，有時會造成反效果。

心理學中，有一種概念稱為「生理覺醒強化優勢反應」。

「生理覺醒」是指清楚展現出振奮精神的意志；至於「優勢反應」，顧名思義，就是具支配性的反應。在「提不起勁」時，「不想讀書」、「不想上班」就屬於優勢反應。

所以在刻意振奮精神時，會更想做自己想做的事情，因此「不想讀書」、「不想上班」的情緒（欲望）反而會被強化。

這時候，**最有效的方法是先不管情緒，只專注在行動上**。換句話說，就是「總而言之，做了再說」，先把情緒放在一邊，讓身體動起來。

「總之，翻開參考書吧！」

「總之，走到車站吧！」

從這些輕鬆就能做到的事情開始做起，即可破解提不起勁的狀況。

譬如，不想運動時，就從「總之，做一個深蹲就好」開始。

由此可知，雖然情緒會妨礙人類的行動，但是反過來看，行動也具備提升情緒的性質。

有些人在意志消沉時，會抱著膝蓋，低頭坐在房間的角落，但是這時候只要抬起頭來，就能讓情緒發生變化。

此外，你應該也能親身體會到，在踩著小跳步時，不可能心情低落。雖然低落時，也沒有踩小跳步的心情，但是這時候更需要刻意把情緒放一邊，不管三七二十一地做出踩小跳步的動作。

很快就能重新振作的人，知道動作會對情緒帶來影響；相反地，如果遲遲無法振作，就是企圖以情緒控制動作，這麼一來，就會落入「生理覺醒強化優勢反應」的陷阱。

提不起勁時，最有效的方法就是不要抱怨。保持沉默也無所謂，總之，試著讓身體動起來吧！

利用與對方的距離來控制雙方關係

與別人說話時，你是不是也有過「這個人靠得真近」，或是「距離好遠」之類的印象呢？

人類各自都有最適合的溝通距離，稱為「個人空間」。

每個人都會為了保有自己覺得舒適的空間，而在無意識中拉開距離。

個人空間依階段可分成幾個區域，但是一般而言，與別人說話時，通常會保持一點五至兩公尺的距離。

我想你也不例外，如果是棘手的客戶，你應該會想離他遠一點，但如果是情人，就會希望靠得近一點，距離展現彼此的關係性。

舉例來說，你可以在與對方說話時，闖進對方的個人空間看看。

如果對方看你一下子靠近到一或一點五公尺，就後退一步，或是身體後仰，代表他屬於戒心較高的類型。

相反地，如果對方一步也沒有移動，依然對話自如，就代表他是一個容易溝通的人。

如果能進入對方的個人空間，就能接近對方的心。但是，個人空間源自於人類的防禦本能，隨便闖入也可能引發反感，因此這時候需要設定必定能拉近距離的情境。

譬如，一起吃晚餐時，可以在面對面吃完飯後，前往酒吧，並排坐在吧台前，如此一來，距離自然就能拉近。因為並排坐在一起的距離，會比面對面更靠近。這個技巧不只可以用在商業上，也能用於約會。

除此之外，也可以透過上下的位置差異，控制彼此之間的關係。

我想，大家都在電視上看過，法官會坐在法庭

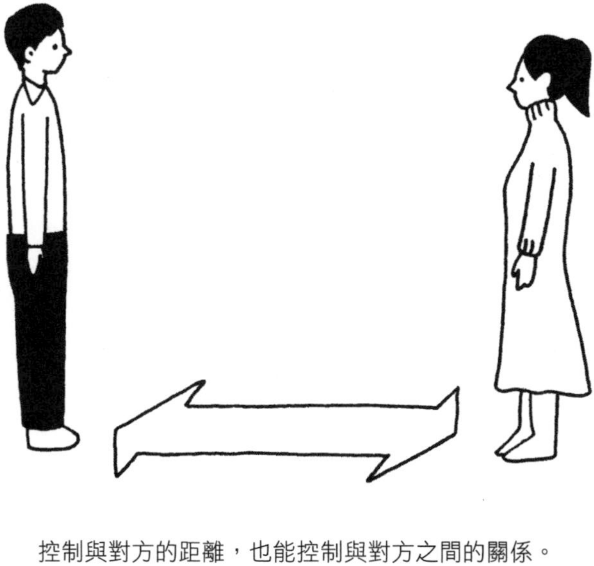

控制與對方的距離，也能控制與對方之間的關係。

中最高的位置，因為這個位置能讓他俯視法庭，保持權威。

我在打官司時，如果想向對方的證人施加壓力，也會站起來靠近證人席，闖進證人的個人空間，俯視證人，進行交互詰問。

由此可知，**控制與對方的距離，也能控制與對方之間的關係。**

傾聽時的NG細節

訪談者與諮商師，是代表性的「傾聽型」職業。

雖然兩者都重視「聽」的技術，但訪談者與諮商師的最大差別，就在於附和的次數。

諮商師附和的次數，似乎遠比訪談者多。

諮商師的工作是聽沉默寡言的人說話，所以傾聽時的附和相當重要。

相較之下，完全看不到附和的，就是電視的談話性節目了。多數來賓都會在對方發言的時候插嘴，但除了主持人之外，所有來賓都不會附和別人。我們這些觀眾有時候甚至會懷疑，「這些人到底有沒有在聽別人說話啊？」

附和中蘊含著「我有在聽你說話，也聽得懂你在說什麼」的訊息。但即使不說話，也能將我們的共鳴傳達給對方。

接下來，就為大家介紹聽別人說話時的「NG動作」。

一、身體斜著朝向對方

身體斜著朝向對方，就像「斜眼看人」一樣，會讓對方覺得你以批判的態度聽他說話。

二、身體搖晃

抖腳或許只是習慣，但卻會讓對方因為在意身體的搖晃，而無法專注於對話，這種狀態也被稱為「發暈的對話」。傾聽時無意義地搖晃身體，會造成對方的疲倦。

三、雙手抱胸

雙手抱胸的姿勢是拒絕的表現，或許對於對方的話展現出防禦的心理狀態，讓對方很難繼續說下去。

四、身體後仰

長輩聽晚輩說話時，經常會身體後仰。就算自己沒有這個意思，也會讓對方覺得你在擺架子，很難留給對方好印象。

五、摸頭髮

女性經常會有這樣的傾向，但是在聽對方說話時摸頭髮，會帶給對方態度輕率、沒有專心聆聽的印象。

六、避開對方的眼神

「說話時沒有看著對方的眼睛」不用說，「看對方一眼就立刻移開目光」也會讓人覺得不舒服。

七、滑手機

說話時滑手機，也會讓對方覺得你沒有在聽他說話。最近很多APP都有推播功能，因此雖然在意通知，但是也必須特別注意對方的感受。

八、打斷對方

在對方說完前擅自接話，或是打斷對方發表自己的意見，都會讓對方覺得你不尊重他、沒有在聽他說話。

身體斜著朝向對方

身體搖晃

雙手抱胸

身體後仰

摸頭髮

避開對方的眼神

滑手機

打斷對方

傾聽時的動作，會讓對方留下超乎你想像的深刻印象，所以傾聽時請務必看著對方的眼睛，並且認真附和。

不推銷產品，要推銷體驗

俗話說：「百聞不如一見。」不管說明得多詳細，都不如以照片呈現來得有效果。而與照片相比，拿出實品讓客戶觸摸，更能加深他們對商品的理解。

在廣告與行銷的世界，大量使用讓顧客觀察、觸摸實際商品的手法。

譬如，百貨公司食品賣場的試吃。

化妝品的廣告，也會以實際大小呈現免費試用品。

還有補習班透過免費試聽來招生。

房仲帶著顧客參觀樣品屋。

車商招待客人參加試乘會等。

實際體驗給人的印象，比知識或資訊更強烈。

「不推銷商品，要推銷體驗」，說的就是這麼一回事。

舉例來說，位於某飯店高樓層的餐廳，製作用心拍攝料理照片的菜單，並且為了加入體驗，多放了一句「免費贈送夜景」的文案，以及夜景的照片，結果營收大幅增加。

此外，人也會記住感受。

舉例來說，我們之所以會想吃以前吃過的拉麵，並不是因為正確記住拉麵的味道，而是記住了美味的感受。

由此可知，體驗可以讓人記住感覺，藉此強化印象。

再者，人在觸碰、體驗物體後，就會產生所有者的意識，因此讓顧客觸摸商品，會較容易賣出。

身體接觸也是有效的溝通，但是有時候卻會讓人覺得你在裝熟，必須注意。

不惹人反感的身體接觸是握手，像是強而有力的握手，就能強化彼此的夥伴意識。

透過心理技巧，架設通往對方內心的橋梁

我們可以透過無意識的模仿來迎合對方的意識。

這在心理學上稱為「投契關係」（rapport）。「投契關係」也被翻譯為「親密關係」或「信賴關係」，但「rapport」這個字在法語中是「架設橋梁」的意思。

當你與某個人跨越隔閡，彼此互相信賴，覺得相處愉快時，兩個人之間就形成「投契關係」。

接下來，將介紹建立投契關係的技巧。

〈建立投契關係的技巧一〉鏡像

「鏡像」這個技巧，是指像照鏡子一樣，模仿對方的動作姿態。

譬如，當你與某個想要建立投契關係的人，在咖啡店裡，一邊喝咖啡，一邊聊天時，如果對方開始喝咖啡，你也拿起自己的咖啡啜飲。

世界上有很多非常相像的夫妻，但他們可能並不是原本就很像，而是婚後長年彼此相伴，不知不覺間模仿了對方的動作姿態，最後才會變得愈來愈像。

〈建立投契關係的技巧二〉同步

「同步」是一種配合對方說話方式與節奏的技巧，相較於模仿「對方動作」的鏡像，同步則是模仿「對方的說話方式」。

同步的訣竅在於，如果對方說話慢條斯理，我們就放慢說話速度；如果對方說話又快又急，我們也加快說話的語速。

〈建立投契關係的技巧三〉修正

「修正」是指透過語言以外的訊號，理解對方心理狀態的技巧。所謂語言以外的訊號，包括姿勢、呼吸、表情、語調等。

舉例來說，如果對方非常疲倦，不管嘴巴上再怎麼說「我沒事」，疲倦感都會從語調或臉色透露出來。辨識這些訊號，對他說：「我覺得你還是休息一下比較好。」就是修正。

透過言語沒有表現出來的微小變化，判斷對方的情緒，更容易取得對方的信賴感。

〈建立投契關係的技巧四〉複述

「複述」就是鸚鵡學舌，把對方說過的話重複說一遍，能向對方表達「我有聽進你的話」的意思。如果在對方特別希望別人聽他說話時，巧妙運用這個技巧，效果就會更好。

舉例來說，如果對方抱怨「那個人都不願意跟我和解」，你可以這樣回應：

一、直接複述

「他都不願意跟你和解嗎？」

二、稍微同理的複述

「他都不願意跟你和解嗎？真是太遺憾了。」

三、高度複述

「他都不願意跟你和解嗎？真是太遺憾了。但是，我覺得你已經表達自己的誠意，今後我也會全力提供支援。」

投契關係的強度，也會因為複述的語言而不同。

就如同投契關係被稱為「無意識的模仿」，靠的不是理論，而是感覺。此外，如果太著重於技巧的使用，也可能反而讓信賴受損，因此使用時必須小心。

本章介紹不使用語言的「非語言溝通」。大家是否都了解到，即使不使用語言，也能充分傳達自己的意思呢？
溝通靠的不是只有語言。

用沉默強化行動的五個關鍵

＊當語言與非語言傳達的資訊有所矛盾時，非語言會有較大的影響力，若是沒有真心誠意，不管說得多好聽，都會被對方看穿，無法取得對方信任。

＊第一印象在見面後六、七秒就會決定，並且直到很久以後都還會保留這個印象，想要改變非常困難，事先透過外表穿著、身體動作都能有所影響。

＊眼神接觸、以開放的狀態面對聽眾、放大肢體語言，都能加

強對聽眾的說服力，也能展現出充分自信。

*覺得提不起勁時，破解之道不是藉由意志力振奮精神，而是要不管情緒，先動起來，專注在行動上，因為行動能夠帶動情緒。

*可以利用個人空間來測試對方的戒心，控制彼此的距離也能控制與對方之間的關係。

04

沉默後的能量爆發

——高效提問的QAS鐵則

「QAS鐵則」是什麼？

我非常重視對話中的提問。

因為對話建立在自己的發言與對方的發言上。

如果只顧著自己說話，對話就無法成立，所以引導對方發言，在對話中就變得相當重要，這時候就必須詢問對方問題。

引導對方發言的重點在於，「**提問之後必須保持沉默**」，這稱為「QAS（Question And Silence）鐵則」。

有些人就算問了對方問題，還是會在對方回答之前，接著詢問其他的問題，或是自顧自地說下去。這會帶來什麼後果呢？

對方無法回答，提問的人也得不到資訊。

舉例來說，下述的對話可以讓我們想一想。

「你暑假去了哪裡？」

「這個嘛，我想想……」
「話說回來，暑假真的很熱啊！」
「真的呢！」
「不知道接下來會不會每年都這麼熱？」

我想寫成文字就會格外明顯，在接連提問的情況下，回過神來，一開始的「你暑假去了哪裡？」這個問題已經不知道被丟到哪裡了，在這場對話中，變成完全無意義的問題。

如果有人詢問我們問題，我們會想要回答。在這個例子中也是，被詢問問題的人原本也應該已經做好回答的準備，但是提問者卻不顧這一點，在對方回答之前，就轉移到下一個話題，這麼做將會打斷對方的思緒。

詢問對方問題，讓對方特地思考答案，最後卻用其他話題打斷了人家的思緒，實在相當失禮。

所以提出問題之後，必須在對方給出答案前沉默等待，這就是QAS鐵則。

再抛出其他的問題時也一樣。

「你今年暑假去了哪裡？」

「這個嘛，我想想……」

「我記得去年好像是去沖繩嗎？」

「你記得真清楚，我很喜歡沖繩。」

像這樣在對方思考答案時，再接著詢問下一個問題，同樣也會讓對方為了回答下一個問題而中斷思緒。這也違反了提問的規矩。

提出問題之後，在對方回答前必須確實保持沉默，等到對方給予答案後，才能進入下一個問題。

QAS的例外，就是問錯問題的情況。

譬如，問題太過抽象，導致對方苦思不出答案，或是提出錯誤的誘導式提問，發現「啊！不應該這麼問」時，或許先說一句：「抱歉，很難回答吧！」再重新換一個問題會比較好。

附帶一提，很多人都沒有發現，提問具有四種力量。你能夠全部說得出來嗎？接下來將進行說明。

提問的四種力量

提問具有下列四種力量：

一、誘發思考。
二、引導思考的方向。
三、讓對方發言。
四、使發言的內容成為束縛。

接著，就讓我們分別來看。

一、誘發思考

接下來的問題可能需要想一下，你記得自己第一次談戀愛是什麼時候嗎？

現在的你讀了本書後，開始思考沉默在對話中發揮的作用。當你被問到「記得自己第一次談戀愛是什麼時候嗎？」這個問題時，至少也會在當下那一瞬間開始思考這件事吧！

就算是和原本的思維完全不同的事，在被問到的瞬間，還是會開始去想這個問題；換句話說，提問具有「誘發思考」的力量。

因此，「**如果希望對方思考某件事情，只要問對方問題就對了**」。

舉例來說，如果希望配偶開始思考孩子的將來，不能數落對方，「你都沒有為孩子的將來做打算！」

因為這是人身攻擊，會讓遭受攻擊的人想要保護自己，所以可想而知，配偶可能會反駁：「你說什麼？你自己才是吧！」最後發展成彼此互相攻擊對方人格的狀況。

這時候的目的，應該是希望配偶為孩子的將來著想，既然如此，我們可以透過提問誘發對方思考。

譬如，只要問對方：「現在的我們可以為孩子的將來做些什麼呢？」對方或許就會同意你的想法，並且開始思考。

此外，如果希望對方想像某個情景，我們也可以詢問對方問題。

舉例來說，假設你是房仲，正在推銷某個建案。在一邊帶著客戶看屋，一邊催促對方，「這間房子很受歡迎，下午還有別的客人要來看，最好快點決定」之前，應該還能做一點別的努力吧！

譬如，詢問客戶：「你覺得這個房間當客廳好，還是當寢室好呢？」「你想讓寵物待在哪裡呢？」等，透過提問誘發客戶想像購買後的情景，讓對方產生「自己擁有這個家」的感覺。

這就是問題「誘發思考」的力量。

二、引導思考的方向

舉例來說，如果在孩子考不好時，責罵「你怎麼這麼不長進啊！」孩子就會開始思考，「為什麼我會這麼笨呢？是因為遺傳嗎？」

反之，如果詢問孩子：「你覺得應該做什麼準備，下次才會考好一點呢？」孩子就會開始思考，「應該還是課前預習、課後複習吧！還是去補習會比較好呢？」不同的提問方式，會帶給對方截然不同的思考方向。

同理，如果詢問不斷重蹈覆轍的部下，「你覺得自己一直犯下同樣的錯誤，會有什麼後果？」他想必會開始思考，「後果嗎？大概會被開除吧！」但是如果問他：「你覺得應該怎麼做，才能防止自己再犯下同樣的錯誤？」或是「為了避免下次再犯同樣的錯誤，是不是可以趁現在做一些什麼準備？」就能鼓勵對方採取避免再犯的行動。

這就是「透過提問，引導對方思考的方向」。

因此提問時，先想清楚希望對方朝著什麼樣的方向思考，再擬定問題是一件重要的事。

三、讓對方發言

當別人對我們提出問題時，我們會覺得無論如何都必須回答才有禮貌，所以就會針對問題進行回答。

對問題聽而不聞非常困難。不管回答什麼都好，總而言之，都會想要給一個答案。換句話說，我們無法對問題保持沉默，一定會發言。

所以在希望對方發言時，只要詢問對方問題即可。

四、使發言的內容成為束縛

我們在發言之後，就會難以做出與發言內容互相矛盾的行為。譬如，在會議上提出A方案與B方案時，如果憑感覺做出「我覺得A方案比較好」的發言，即使在討論之後較喜歡B方案，也會變得很難改變見解，因為自尊心會妨礙我們。

因此，**如果想要限制對方的行動，就詢問對方問題，讓他發言。**

舉例來說，如果希望對方來參加慶生會，比起隨口說一句：「要來參加下週的慶生會哦！」還不如詢問對方：「下週的慶生會你會來嗎？」取得對方肯定的回答後，再追問：「你大概幾點會到呢？」讓對方回答確切的時間，像是「嗯，大概三點左右吧！」這麼一來，對方參加慶生會的機率，就會比隨口邀請提高很多。

提問時，仔細思考如何運用這四種力量相當重要。

透過提問達到六個效果

提問要有目的。

缺乏目的的提問，會讓對方不耐煩，自己聽完答案後也得不到好處。

譬如，在談生意的場合，如果提出「你的興趣是什麼？」這類偏離主旨的問題，就會讓對方愣住。這時候應該等到生意差不多談完，彼此建立信賴關係後，才詢問對方，「你有晒黑的痕跡，放假時是不是從事了什麼運動呢？」之類的問題。

此外，反覆詢問相同的問題，或是問題簡單到上網搜尋一下就有答案，也會讓對方失去耐心。

提問不是「想到什麼就問什麼」，目的不同，提問的方式也不一樣。透過提問可以達到的效果，主要有下列六個：

一、引導對方說出資訊。
二、獲取對方的好感。
三、驅動他人。
四、培養人才。
五、在辯論中勝出。
六、控制自己。

接下來，就一項一項分別來看。

一、引導對方說出資訊

大部分的人在提問時，都抱持著這個目的；換句話說，就是「詢問對方自己想要知道的事，請對方告訴自己」。為了引導對方說出資訊，必須提出適當的問題。

當然，提問的人必須思考，「如果想要問出資訊，應該要問哪一個人才對呢？」再者，如果在對方忙碌或正專注在其他事情時提問，對方也不會認真回答。換句話說，在適當的時機提問也很重要。再來就是適當的提問內容，提問的人必須思考該怎麼問，對方才會容易回答。

二、獲取對方的好感

人都喜歡談論自己。對話中最常使用的，應該就是「我」這個指稱自己的字彙。誇耀自己、聊聊自己感興趣的話題，都是開心的事情。

因此，如果想要博取對方的好感，就要興致勃勃地詢問關於對方的事。譬如，為了尋找與對方的共通點，詢問對方：「您是哪裡人？」如果對方剛好是同鄉，就能縮短彼此之間的距離。提問對於達成這個效果，想必能夠發揮極大的作用。

三、驅動他人

使用前面曾介紹提問的四種力量，就能達到這個效果。舉例來說，詢問對方：「如果想在下週做出一場成功的簡報，現在立刻能做的準備是什麼呢？」就可以引導對方採取行動。

四、培養人才

我們可以透過提問，引導孩子與部下思考，藉此培養他們。這時候使用的方法，就是前面曾提過提問的第二種力量——「引導思考的方向」。

舉例來說，如果部下犯錯了，不要詢問「為什麼這麼簡單的事情都做不到」，而是要問「你覺得下次應該怎麼做，才不會再犯下同樣的錯誤」等，才能透過提問，促進部下的成長。

五、在辯論中勝出

在辯論中，「提問的一方占據優勢」。

辯論的目的是強化自己的主張，並且削弱對方的主張，因此必須緊咬對方邏輯上的弱點，同時補強自己主張的邏輯。詢問對方問題，就能發現對方邏輯中的矛盾，而且自己也不會在問問題時，陷入邏輯的矛盾中。

古希臘哲學家蘇格拉底（Socrates）之所以極為擅長辯論，就是因為他經常站在提問的一方。

六、控制自己

提問的對象不是只有別人，也包括自己。

「思考」這個行為，就是「問自己問題」。

舉例來說，如果問自己：「該怎麼做才會更輕鬆呢？」就只能想到偷懶的方法；但如果問自己：「有什麼方法可以每天持續呢？」就能想出各種讓自己每天持續的方法。

同理，比起詢問自己：「為什麼我會這麼不幸呢？」還不如問自己：「我現在覺得幸福的事情是什麼呢？」因為後者想必能讓人生變得比前者更豐富。

利用容易回答的問題，引導對方說出資訊

以前的刑偵片會有刑警在偵訊室威嚇犯人的場景，但是即使刑警說：「這是你幹的吧！」被威嚇的犯人也不會立刻認罪。

相反地，刑警先請犯人吃豬排飯，再對他說：「你家鄉的母親會傷心的。」等刑警沉默之後，犯人就會哭著招供。

雖然現在看來這樣的演出很灑狗血，但是沉默比高壓威嚇更能有效使犯人認罪，這一點從以前到現在似乎都沒有改變。

如果想透過對話引導對方說出資訊，在提問之後、對方回答前，保持沉默的QAS鐵則非常重要，但只有這樣是不夠的。

重點是必須在**①適當的時機，對②適當的對象，提出③適當的問題**。

舉例來說，就算詢問建築師關於繼承稅的問題，也幾乎得不到有用的資訊。如果想知道繼承稅的資訊，應該要詢問專門處理稅金的稅理士才能得到適切的回答。所以在提問之前，必須隨時詢問自己：「這個問題問這個人適合嗎？有沒有更適合的人選？」尋找適當的對象相當重要。

除此之外，也必須思考提問的時機。舉例來說，假設你想問上司關於工作步驟的問題，但是上司不巧正忙著準備外出。這種時候就算提問，上司也很難仔細思考後再回答你，能得到的大概也只有「這種事要自己動腦筋想」之類的答案。因此，仔細觀察對方的狀況、看準能夠獲得有用資訊的時機再提問，就是一件重要的事。

最重要的是提出「適當的問題」。舉例來說，就算詢問朋友：「你覺得我的缺點是什麼？」也幾乎不會有人回答：「你的缺點啊，就是愛說謊。」畢竟這是一個很難回答的問題。但是如果換一個問題，像是「我想要漸漸改變自己，你覺得我該怎麼做，才能讓周圍的人喜歡呢？」對方應該也會比較容易回答。

又或是在業務比稿中落選時，即使詢問客戶：「我們公司哪裡不好呢？」客戶也會說：「其實也沒有什麼不好的地方。」畢竟對方也不想要刻意批評，讓別人覺得不舒服。

這時候如果把整件事反過來看，詢問客戶：「這一次你們選擇某某公司（競爭的公司）的最主要原因是什麼呢？請告訴我們，讓我們做為今後的參考！」就更有可能得到「他們的動作較快，售後服務似乎也不錯」之類的回答。而這些原因的另一面，就是自己公司缺少的部分，如此一來，就能知道自己公司落選的理由。

由此可知，**如果要問出想知道的資訊，重點就在於提出對方容易回答的問題。**

除此之外，為了引導對方說出有益的資訊，也必須避開不合格的問題。

舉例來說，向對方提問後，如果對方回答，就用「這不可能！」或「這太不合理了！」之類的說詞來否定他的答案，對方今後就不會再提供我們有益的資訊了。所以如果詢問對方問題，而對方予以回答，我們就必須尊重他的答案。等對方說完後，再表明反對的意見也不遲。

此外，也必須遵守QAS鐵則。提問之後，在對方回答前都必須保持沉默。盡量不要在對方回答之前追問，或是開啟別的話題。

用「好問題」博取對方的好感

據說獲得別人喜愛的方法，就是先博取對方的好感。人們會在覺得對方「興致勃勃地聽自己說話」時，對傾聽的人產生好感。

為了聽對方說話，必須問他問題，並且在提問後保持沉默，直到對方回答，如此一來，也能建立良好的人際關係。

對方能否對自己抱持好感，是彼此關係是否良好的關鍵。而我們也能透過巧妙的提問，獲得對方的好感。

首先，我們會對一個人產生好感，是在發現「自己與對方的共通點」時。

舉例來說，假設我們詢問對方：「你的興趣是什麼？」而對方回答：「爬山。」這時候如果自己也有同樣的興趣，關係會如何發展？我們想必會和對方聊得熱絡，拉近彼此的距離吧！譬如，「這樣啊！我每個禮拜也都會去爬山，下次要不要一起去？」等。因此，如果想要發現與對方之間的共同點，可以問他問題，在發現共通點後，就能透過深入聊聊這個話題，博取對方的好感。

此外，我們也很喜歡被稱讚、表揚，所以無法喜歡總是否定自己的意見、處處都要與自己作對的人，但是卻會對經常稱讚我們的人抱持好感。因此發現對方值得自豪之處，並對此讚譽有加，也能獲得對方的喜愛。

該如何發現對方的優點呢？還是得靠發問。譬如，詢問他一直以來都做什麼、在哪裡得到什麼成果、看重的事情是什麼等等，如果發現值得稱讚之處，立刻發自內心地讚揚，如此一來，就能滿足對方的自尊心，而對方想必也會對你心懷善意。

除此之外，「互惠規範」（norm of reciprocity）也會作用在好感上。對於討厭我們的人，我們也會在心裡排斥對方；但是如果對方喜歡我們，我們就會對他抱持著好意。所以抱持著善意和興趣，積極地詢問對方問題，想必就能獲得對方的好感。

我們不可能在討厭對方的情況下，獲得對方的喜愛。如果只顧著運用技巧，真正的想法也會被對方看穿。那麼該如何發自內心喜愛對方呢？

這時候也能運用提問，我們可以問自己「這個人有哪些地方比自己優秀？」「這個人有那些優點？」等問題，如此一來，就能看見對方好的一面，更容易對他產生好感。

利用提問限制對方的回覆

有些問題容易回答，有些則不是如此。

用意不明的問題，就會很難回答。

舉例來說，公司面試時會詢問：「你將來想要從事什麼樣的工作？」這個問題就會讓人不知道該如何作答。既然都來面試了，是要回答：「想在這家公司做什麼樣的事」，還是可以站在更宏觀的角度思考？被問到這個問題的人就會陷入猶豫。

假使回答「我想做對社會有貢獻的工作」，卻被面試官判斷為「答得不夠具體」而被落選，就會得不償失了。

適當的問題是指對方容易回答的問題。

為了讓提出的問題容易回答，首先應該了解「開放式問題」與「封閉式問題」。

「開放式問題」是希望對方可以自由思考答案的問題，譬如「你現在的心情如何？」

至於「封閉式問題」較常見的說明，則是讓對方回答「是」或「否」的問題，譬如「你會出席今天的會議嗎？」

然而事實上，**「開放式問題」與「封閉式問題」不是二選一，而是藉由「給予問題什麼程度的限制」，以及「朝著哪一個方向提問」，在兩者之間產生無限多種變化。**

舉例來說，「你覺得沉默是什麼？」就是基於「希望對方自由回答關於沉默的想法」這個用意所提出的問題。

我們可以透過改變提問的方式，限制思考的自由度。

譬如，「該如何有效運用對話中的沉默？」這個問題就會把答案侷限於沉默在對話中的有效性。如此一來，就不再能夠單純地用開放、封閉來分類了。

問題也可以改變思考的方向性。例如，「在哪些情況下，必須在對話中保持沉默呢？」這個問題就會帶來與先前完全不同的思考。

問題還可以更進一步限縮思考的自由度。例如，「該如何有效使用對話中的漫長沉默？」這個問題就會把思考侷限在「漫長的沉默」，而不只是單純的沉默。

由此可知，思考的自由度會隨著對問題施加的限制而有無限的變化，無法一概用「開放式問題」或「封閉式問題」來分類。

因此發問之前，務必先想清楚以下這兩點：

一、希望給對方多少思考的自由度？（如果希望對方自由思考，問題就要盡量開放，不要給予限制。）

二、想為思考的方向性帶來多少限制？

封閉式問題雖然限制了答案，但是答案必須在自己預料的範圍內。

舉例來說，「A分店的營收下滑了，你會不會覺得換一個地點較好？」這個封閉式問題就把答案侷限在「我覺得換一個地點較好」，或是「我覺得不要換地點較好」。

但是，即使對方覺得「如果採取某某方法，營收說不定就能恢復」，也可能無法得到這個答案。因為這個答案超出提問者的預料範圍，想要得到這個回答，問題必須有一定程度的開放性。

譬如，「A分店的營收下滑了，你覺得該怎麼辦才好？」像這種解除一定程度限制的問題，或許就能得到該如何恢復營收的答案。

因此我覺得，視情況有彈性地運用開放式問題與封閉式問題相當重要。

小心5W1H中的惡魔

資訊最重要的是正確性。

舉例來說，假設接到家人「遇到交通事故」的通知。

雖然很不幸，但如果不知道是「家裡的誰」、「在哪裡」、「遇到什麼樣的事故」、「現在是什麼樣的狀況」，就無法處理。

如果想要透過問題獲得正確資訊，就必須活用5W1H。

5W1H是「什麼時候」（When）、「在哪裡」（Where）、「誰」（Who）、「什麼事」（What）、「為什麼」（Why）、「如何」（How）這六種問題的基本形式。

我們可以透過使用5W1H，自由地組織問題。譬如：

「工作從**什麼時候**開始？」

「工作的地點**在哪裡**？」

「這的工作和**誰**一起？」

「這次的工作是**什麼**？」

「**為什麼**要做這個工作？」

「這個工作該**如何**做？」

運用5W1H就能像這樣組織問題，但是其中只有一項必須注意使用方法。

就是「為什麼」（Why）。

在日常對話中使用「為什麼」時必須注意。譬如，我們可以評估看看下述這段對話：

「你為什麼會做這份工作？」

「因為我想做做看服飾業。」
「你為什麼會想做服飾業？」
「因為我從以前就覺得做服飾業很酷。」
「為什麼會覺得很酷？」
「因為我對時尚有興趣。」
「你為什麼會對時尚有興趣？」
「……」

像這樣**反覆地問「為什麼」，會讓回答的人覺得壓力很大**。因為在面對以「為什麼」為開頭的問題時，必須給出有邏輯的答案，這時候腦袋就必須拚命運轉，為大腦帶來負擔，所以反覆地被詢問「為什麼」，就會感覺有壓力。被小孩不斷地追問「為什麼」時，會在中途覺得不耐煩，也是因為這樣。

所以，在日常對話中使用「為什麼」時必須注意，要盡量避免接連追問。那麼，想要連續問「為什麼」時，該怎麼做比較好呢？

這時候可以藉助５Ｗ１Ｈ中其他夥伴的力量。

舉例來說，如果想要針對「你為什麼會想做服飾業？」這個問題繼續問下去，只要把「為什麼」用其他的４Ｗ１Ｈ來代替，就會更容易回答。譬如：

「你從**什麼時候**開始想做服飾業的？」

「你想做服飾業是受到**誰**的影響呢？」

「你喜歡服飾業的**什麼**部分呢？」

「為什麼」這個問題要求有邏輯的答案，所以在日常對話中使用時必須小心，但是在要求對話邏輯的場合，反而必須積極地詢問「為什麼」。譬如：

「為什麼這次會出錯？」
「為什麼這份文件會跟其他文件放在一起？」
「為什麼在寄出去之前沒有好好確認？」

追究原因時，需要有邏輯地思考，這種場合多使用「為什麼」來進行邏輯上的剖析就很重要。

所以請考慮使用的場合，有效運用5W1H吧！

嚴禁濫用！誘導式提問的驚人力量

我們詢問對方問題，並希望他回答正確答案時會給出提示。

其中有些人擅長給提示，但是也有人不擅長。

舉例來說，想讓對方猜歌曲名稱時，有些人會「啦啦啦，啦啦啦……」地哼出曲調，有時候聽的人能直接猜出正確答案，但如果聽的人是音痴，就會完全猜不出來，無論如何，這都不能稱得上是好的提示。

好的提示能夠引導對方想出正確答案。

我們也有辦法透過提問誘導對方的思考。

提問的第二種力量是「引導思考的方向」。

這種力量能夠「透過提問的方式，引導對方朝著我們希望的方向思考」。

如同先前的說明，如果在孩子考試考不好時，責罵「你怎麼這麼不長進啊？」孩子就會開始思考：「為什麼我會這麼笨呢？是因為遺傳嗎？」

反之，如果詢問：「你覺得應該做什麼準備，下次才會考好一點呢？」孩子就會開始想著：「應該還是課前預習、課後複習，還是去補習比較好呢？」由此可知，提問的方式將會決定思考的方向性。

運用這種力量，也能誘導對方朝著自己期望的方向思考。

這是我在大學時的故事。我想搬家，於是找了租屋仲介，他帶我看了兩間房子，第一間老舊破爛，第二間雖然乾淨漂亮，卻距離學校很遠，所以我兩間都不想選。

但是在回程的路上，仲介問我：「你覺得哪一間比較好呢？」我回答：「硬要說的話，應該是第二間吧！」結果他接著詢問：「那間房子很受歡迎呢！怎麼樣？要先付訂金，還是先申請保留？」我聽了之後，也莫名其妙覺得必須辦理其中一項手續才行，於是回答：「我就先申請保留吧！」

然後，我們回到租屋仲介公司填寫申請書。仲介接著問我：「訂金要在三天內付清，你決定怎麼做？明天能過來嗎？」我回答：「什麼？三天內？這樣的話，我明天盡量抽空過來。」最後，我就租了那間房子。

我當初的決定明明是兩間都不要，但最後卻還是承租了。後來仔細想想，這就是誘導式提問。仲介的問題是：「你覺得哪一間比較好？」這就已經排除了「兩間都不好」的答案，引導我回答較好的那一間。

此外，「那間房子很受歡迎呢！怎麼樣？要先付訂金，還是先申請保留？」以及「訂金要在三天內付清，你決定怎麼做？明天能過來嗎？」這兩個問題，都已經排除「不簽約」這個選項。

我落入誘導式提問的陷阱，搬進距離學校很遠的房子裡。

由此可知，發問的人可以藉著誘導式提問，在某種程度上引導對方的思考。方法是把想要引導對方思考的事視為理所當然的前提，以此為基礎提出接下來的問題。

舉例來說，如果有想見的人，就會有以下兩個選項：

一、見得到面，還是見不到面？

二、如果見得到面，會是在什麼時候？

在這種情況下，就把第一個選項視為理所當然的前提，用第二個選項來提問。

譬如，「我下週會到貴公司附近，星期三或星期四哪一天方便呢？」

又如，推銷對方引進某套系統時，對方會進行下列兩項判斷：

一、這套系統會讓經營管理的業務更有效率，還是不會更有效率？

二、如果會更有效率的話，要聽說明還是不聽說明？

這時候就把第一項判斷視為理所當然的前提，用第二項判斷來組織問題。

譬如，「可以讓我針對引進這套系統後，會如何改善貴公司的業務效率這一點進行說明嗎？」

為什麼誘導式詢問具有引導對方思考的力量呢？因為人具有在聽

到問題時，會忍不住朝著問題方向思考的傾向。所以被問到問題時，就會把注意力放在這個問題上，總而言之，都要先給出一個答案，如此一來，就不會留意到前提問題了。

不過必須注意的是，誘導式提問會讓回答問題的人覺得不對勁，留下被強迫的印象，產生負面情緒，因此必須小心避免濫用。

「好問題」能夠培養人才

直接告訴對方和讓對方思考，哪一種方法能夠培養人才呢？

我想，有管理經驗的人都知道，讓對方思考才能促使對方成長。

提問具備誘發思考的力量，所以「問對方問題，在對方回答前保持沉默」也能培養人才。這個方法運用的是提問帶來的思考強制力。詢問孩子問題，能夠促進孩子思考，幫助對方成長；詢問部下問題，能夠促使部下自己動腦筋，讓部下成長，因此問題是培養人才的強大武器。

換句話說，這就是前面介紹的「透過提問可以達到的六個效果」中的「四、培養人才」。

為了培養人才而提問時，把問題問得正面積極是重點；反之，就是負面問題。

譬如，在孩子考低分時，責罵「你怎麼這麼不長進啊？」孩子就會陷入負面思考，覺得「為什麼我會這麼笨呢？這到底是誰的錯？」

如果在部下犯錯時，質問「你怎麼連這種事都做不好？」部下的想法就會變得消極，覺得「我怎麼會連這麼簡單的工作都不會呢？」

這麼一來，孩子和部下不僅無法成長，反而想法還會變得愈來愈負面。

為了讓孩子和部下的想法變得積極，必須把問題變成正面問題。

當孩子考不好時，就詢問「你覺得下一次該怎麼準備，才能考得比這次更好呢？」藉此促使孩子正面思考。

當部下犯錯時，就詢問「你覺得下一次該怎麼做，才能正確進行這項工作呢？」讓部下的想法變得積極。
運用5W1H，就能有效組織正面問題。
先將思考變得正面，再運用5W1H組織問題。

「下一次需要**什麼**，才能成功呢？」
「你覺得下一次成功的重點**在哪裡**？」
「下一次應該找**誰**幫忙才能成功呢？」
「下一次應該採取**什麼**方法才能成功呢？」

像這樣透過5W1H組織問題，並從中找出最適當的問題來發問。
如此一來，想必就能促使孩子或部下成長，讓他們的思考變得正面。
問題反映的就是提問者的想法，如果你平常的想法就很負面，立刻就會想出負面問題，因為問題會原原本本地展現出一個人的價值觀。
由此可知，問題能夠決定對方思考的方向性。換句話說，就是能帶給對方強烈的影響。如果希望給予對方正面影響，就必須提出正面問題才行。為此，我們從平常就必須養成正面思考的習慣。

積極的會議氛圍就靠提問來打造

會議在公司中，可能演變成完全是在浪費時間的場合，也可能成為能夠做出重要決策的場域。

在有限的工作時間中，會議的進行方式將會大幅影響生產力。

本章最後想和大家聊聊不同的議題提出方式，也就是不同的提問方式，將會如何讓會議變得截然不同。

會議是提出議題，並且針對這個議題發問、討論的場合。根據議題準備判斷內容所需的資料與數據等，才能讓會議進行。

因此，會議的內容能夠「根據議題限制方向性」，這就和透過問題決定思考的方向性一樣。

譬如，提出「A分店是否應該關閉」的議題。

這麼一來，討論就會順著「A分店應該關閉較好，還是要繼續經營較好」的方向進行。

然而，如果提出的議題是「恢復A分店業績的策略」，會議內容就會變得截然不同。

大家討論的就會是「應該採取什麼方式，才能恢復A分店的業績？」

由此可知，會議的內容大幅取決於議題的設定方式。

要讓會議變得積極也有方法。

假設大家希望某個計畫能夠成功，因此開會討論。

這時候原本應該提出讓計畫成功的方法，但是在會議中往往會提出反對這些方法的意見。

譬如，「不可能這麼做」，或是「因為預算問題，這個方法很難執行」等，積極的意見經常因為這樣而被扼殺，於是會議中就形成「做得到」與「做不到」互相對立的狀況。

在此試著稍微改變會議的規則。

這個新的規則就是完全禁止消極發言，以及導向「計畫不會成功」的發言。如此一來，就只能討論讓計畫成功的方法。

舉例來說，雖然想到某個方法，但是因為預算問題難以執行，這時候就禁止提出「因為預算問題，這個方法很難執行」的意見，只允許將「該怎麼做才能克服預算問題」設定為新的積極議題，以做得到為前提展開討論。

這麼一來，就會以計畫成功為前提展開討論，即使出現問題，也能接連提出克服問題的方法。

會議也能利用提問的力量獲得成果。

到此為止，我想大家都能理解沉默具備的力量，以及沉默前的問題如果選對問法，也會帶來強烈的影響力。然而，光是藉由提問、沉默，對話無法成立。透過提問與沉默理解對方後，必須透過語言建立更良好的關係、邁向更理想的結論。

下一章將說明沉默後才能使用的語言所產生的影響力。

沉默後讓提問更有力的五個關鍵

*向對方提問後必須保持沉默，等待對方回答，不要在對方思考時，接著提問下一個問題，除非是察覺問錯問題的情況下，否則既得不到資訊，也會很失禮。

*提問不是想到什麼就問什麼，目的不同，提問的方式也要有所差別。

*利用容易回答的問題引導對方說出資訊，並且要在適當的時機，對適當的對象，提出適當的問題。

*人性就是會對有共通點、經常稱讚自己的人抱持好感，透過

用好的問題與巧妙的提問，發現值得稱讚處，看見對方好的一面，並且發自內心讚揚，就能讓對方心懷善意，獲得對方的好感。

＊活用5W1H的提問，從中找出最適當的問題來發問，獲得正確資訊，其中「為什麼」因為要求有邏輯性的答案，適用於追究原因時，若是一直反覆詢問就會造成回答者的壓力，因此要留意使用場合。

05

開口交涉的祕訣

——在提問與沉默後影響對方的語言力量

好的溝通始於沉默之後

無論從事什麼職業，溝通力都是必備的技巧。

業務員等需要與人交涉的工作不用多說，只要是透過某種形式與他人合作的工作，溝通力就是重要的能力，就算是工廠內的作業員也一樣。求職面試也重視溝通力。

但是另一方面，對溝通力缺乏自信的人也不少。

最近因為人際關係而煩惱的人似乎非常多，譬如：

- 無法順利地將自己的想法傳達給對方
- 不知道對方在想什麼
- 無法在意見與對方不同時取得共識
- 說服不了別人

人際關係的煩惱，可說有多數來自無法順利溝通。

而溝通不順暢的原因，多半在於「對溝通對象的理解不足」。

譬如，就讀高中的兒子如果對父親說：「爸爸，我想跟你談一下。其實，我在考慮不要升大學。」

父親聽了之後，想必會連珠炮地斥責道：「你突然說什麼傻話啊！不上大學是找不到好工作的，未來的時代會變得愈來愈嚴峻，我不會讓這種事發生的。你因為成績不好而煩惱吧！我知道了，我幫你報名補習班，為了你，要我出多少錢都可以。算了，你今天先睡吧！明天我們再討論要去哪裡補習。」

這樣解決了問題嗎？

如果兒子決定「不升大學，要當壽司師傅」，該怎麼辦呢？大家想必都發現了，這段溝通完全沒有交集。

這是因為父親聽了兒子的話後，立刻跳到自己的結論，並且擅自推導出自己的解決方法。因為這樣的緣故，他距離了解兒子真正的想法愈來愈遠。這類事情在我們的社會中頻繁發生。

譬如，也有這樣的故事。

某個人去看牙醫，他因為蛀牙嚴重，幾乎所有的牙齒都拔光了。於是，牙醫突然拿下自己的假牙，對患者說：「這套假牙非常棒，能夠完全貼合口腔，我想用這個就可以了。」說完後，就把假牙洗一洗，交給患者。

這位患者試著把假牙裝進嘴裡，但是因為和口腔不合，所以完全裝不進去。患者說：「這套假牙不適合我啊！」牙醫聽了之後回答：「不可能吧！我用這套假牙十年了，用起來完全沒問題，你用一定也會適合的，再試一次看看。」

這是一個愚蠢的故事，但是我們與他人對話時，不也經常發生類似的事嗎？

製作假牙時，如果不確實將患者的牙齒印模，製作完全符合這個人的假牙，就不可能貼合。

對話也一樣。如果不了解對方的背景、理解他的想法，組織讓他容易聽懂的對話，就無法與對方確實溝通。

要做到這一點，首先必須聽對方說話。畢竟如果自顧自地說個不停，就絕對無法理解對方。

傾聽對方說話時，自己必須保持沉默。向對方提出問題，讓對方表達意見，自己則閉上嘴巴。

等到充分理解對方後，再說出自己的想法就可以了，這麼做就能大幅提高溝通的品質。

如何讓對方聽你說話？

誰都有希望別人聽自己說話的時候。

話雖如此，當你說話時，對方就一定會認真傾聽，正確理解所有的內容嗎？並不盡然，對方可能正在想著完全不同的事，甚至根本沒有在聽你說。

那麼，該怎麼做才能讓對方聽自己說話呢？是要熱情、努力地表達嗎？還是要拜託對方「請聽我說話」呢？市面上有許多關於說話術的資訊來源，譬如講解有效的說話或傳達方式的書籍。但是，只要運用書裡解說的技巧，別人就會聽我們說話嗎？

我有更簡單的方法，就是**在自己說話之前，先仔細傾聽對方的話**。有些讀者或許會生氣地表示：「我是要別人聽我說話，結果你叫我閉嘴，聽對方說，這不是本末倒置嗎？」不過沒錯，就是這樣，如果希望對方安靜地聽你說話，最好先仔細聽對方說什麼。

我們的大腦在對話時，呈現什麼狀態呢？尤其在自己有話想說時。

這時候即使對方正在說話，我們也經常會想著自己要說的事，譬如「對了！等一下要說這個」，或是「該怎麼說，他才能聽得懂呢？」「這個話題該如何組織，才會聽起來有趣呢？」等等。

這麼一來，就算聽對方說話，也不會聽進心裡。自己明明安靜傾聽，對方還是一直問道：「喂，你到底有沒有在聽啊？」也是因為雖然表面上像是在聽，心裡卻想著其他的事。

所以，「聽對方說話」不是只要沉默就好了，在傾聽時，還需要「試圖正確理解對方所說事情」的態度。

該如何讓對方表現出這樣的態度呢？這時候就需要設法讓對方不再思考自己的事。為了達成這個目的，我們又該怎麼做呢？

方法就是「先仔細聽對方說話，並傳達我們的理解」，如果對方有話想說，我們就先拿出試圖理解對方想法的態度，仔細聽他表達，並且在話題看似結束時，詢問「你剛剛想說的事情是如此這樣吧？」向對方確認自己的理解是否正確。正確理解就沒有問題，但是如果理解錯誤，對方會再開口說明。我們就再次沉默地仔細聽對方說完，並且重新確認，「我剛剛好像誤會了，你要說的應該是這個吧？」

這麼一來，對方的腦海中會呈現什麼狀態呢？他應該會因為自己想說的事確實獲得理解而覺得滿足，這時候你再問他：「你也可以聽我說嗎？」對方就會因為自己想說的事已經說完了，所以有心情聽你說話。這時候他也不會一邊聽你說話，一邊思考「接下來要說什麼呢？」等等，而是可以仔細聆聽你想說的話。

這個方法雖然有點矛盾，但是如果希望對方仔細聽自己說話，就不能自顧自地說個不停，先「安靜、仔細地聽對方說」，是一個簡單又有效的方法。

靜靜傾聽就能「驅動他人」

然而，就算我們傾聽對方，也不一定能順利地讓對方聽我們說話，要影響、驅動他人並不容易。

書籍等媒體介紹驅動他人的方法，幾乎都是作用在對方身上的技巧。其中有些書籍會介紹操作對方心理的技巧，但是隨著這些技巧普及化、平凡化，也有愈來愈多人不吃這一套了。

那麼，該怎麼做才能說服、驅動他人呢？我想方法有很多，像是請求、威脅、命令、提出交換條件等。

但無論使用的是哪一種技巧，重點都只有一個，就是「先聽對方說話，再說服會較好」。

我擔任律師已經超過二十年了，至今為止有過無數的交涉經驗。大家對律師有什麼印象呢？想必也有人會覺得律師「辯才無礙，口若懸河，把別人唬得一愣一愣的」。

然而我在交涉時，會刻意把問題與自己的意見控制在七比三的比例，讓問題占對話的大部分，因為這麼做能讓交涉更容易取得共識。

交涉不是強迫對方接受自己的意見，因為必須得到對方首肯，交涉才能成立。如果想要驅動他人，就要等對方願意採取行動。無論如何，光靠我們的力量都不足以讓他人動起來，其中還存在著他人的意志。

如此一來，就必須知道該怎麼做，對方才願意點頭，為此必須充分理解對方，而「提問」就是有效的方法。

詢問對方問題，能夠了解對方抱持什麼樣的情緒、重視哪些事情、覺得哪些事情不必要、絕對無法退讓的條件是什麼，以及抱持著什麼樣的認同生活等等。了解對方後，再提出對方容易答應的條件、運用說服的技巧，想必就能提高對方答應的可能性。

舉例來說，假設你想拜託公司的同事，在週末代替自己去陪客戶打高爾夫球。如果你對同事的狀況一無所知，就直接拜託對方說：「你週末可以代替我去陪客戶打球嗎？下一次請你吃午餐。」同事答應的機率會有多高呢？似乎不太能期待。

但是如果你事先取得情報，知道同事曾抱怨道：「我對家裡說今天要幫孩子辦慶生會，結果卻不得不加班，真傷腦筋啊！」那麼問他：「你週末要不要代替我去陪客戶打球呢？這樣我今天就幫你加班。」同事答應的可能性就會提高。

關於「充分理解對方，溝通就能順利」這點，還有另一個故事。

有一位愛斯基摩人來到某間家電量販店。

這位愛斯基摩人想買冰箱，店員心想：「愛斯基摩人住在很冷的地方，所以需要比當地氣溫更冷的冰箱吧！」於是就推薦愛斯基摩人購買可以製作大量冰塊，溫度非常低的冰箱，但是愛斯基摩人沒有購買就離開了。

愛斯基摩人去了另一間家電量販店，同樣告訴店員想買冰箱。店員聽了之後，詢問：「你想要怎麼使用這台冰箱呢？」愛斯基摩人回答：「我住的地方很冷，任何東西都會結冰，所以保存食物很麻煩，所以我想要堅固耐用、可以保存食物、不會太冰的冰箱。」於是，店員就介紹符合他需求的冰箱，愛斯基摩人也很滿意地買下了。

想要驅動他人時，即使擅自想像對方的需求與立場，試圖依此說服對方也不會成功。詢問對方問題，讓對方表達意見，充分理解對方的立場之後再說服，就能大幅提高成功的可能性。

給對方時間思考，事情更能順利發展

卡內基的名著《卡內基溝通與人際關係》中，提到下列這段話：

人是自尊心的集合體。人雖然不願意遵照他人的指示，但如果是自己想到的事情，就很樂意遵從。所以驅動他人時不能透過命令，而是要讓對方自己想通。

換句話說，如果想要驅動他人，必須讓對方產生採取行動的意願。因此在對方想像時，我們必須保持沉默。思考需要時間。在對方思考時插嘴，會打斷他的思緒，讓他無法充分整合想法。因此，暫時保持沉默是一件必要的事。

請大家想像一下推銷的場合。

假設有一位房仲，帶著一對想買中古大廈的夫妻看屋。

「這裡有多少坪，透過窗戶可以看見綠意，距離車站只要步行五分鐘，還有……」，如果房仲像這樣說個不停，這對夫妻就無法整理自己的思緒。

相反地，如果房仲詢問：「這間房子有三房，如果兩位住進來，這個房間會是什麼用途呢？」並在問完後就保持沉默，這對夫妻就可以發揮想像力，一邊討論「要用來做什麼呢？剛剛的房間較大，這裡應該是寢室……」，一邊整理思緒，而他們也可以藉此想像買下這間房子的情景，朝著購買更邁進一步。

說服對方時，難免會因為不希望對方想一些有的沒的，而迴避沉默，頻頻插話，但是大家必須記住，這麼做會帶來反效果。運用沉默，讓對方朝著對自己有利的方向發揮想像力，反而更重要。

約女生時，如果邀約「週六我們兩人單獨約會吧！」女生會不會答應，想必取決於她對你的好感。假設她對你沒有什麼興趣，不管你再怎麼插嘴，強迫她「好嘛！好嘛！一起去嘛！」成功的可能性也不高。

在此，我們就來想想看，在這個女生對你沒有什麼興趣的情況下該如何作戰。

譬如，詢問對方：「妳喜歡吃義大利菜吧！銀座開了一家叫做〇〇的店，聽說那裡的黑松露魚子醬義大利麵非常好吃，妳想吃吃看嗎？」接著暫時沉默。這麼一來，她就很可能會想像義大利麵的滋味，進而回答：「我想吃！」接著再邀約，「這個週六我訂到位子了，要不要一起去吃吃看？」這時候比起對你有沒有興趣，她滿腦子想的都是義大利麵，答應邀約的可能性想必就會提高了。

像這樣，先想想**「要讓對方想像什麼，他才會答應呢？」「要讓對方朝著哪個方向去想，他才會採取行動呢？」**再激發對方的思考。而對方一定需要時間才能想像、整理出結論，在這段時間內，我們就必須保持沉默，請鼓起「沉默的勇氣」吧！

威力不同凡響的「交叉逆擊說話術」

大家知道千葉徹彌的漫畫《小拳王》嗎？

故事描述旅行中的不良少年矢吹丈，遇見拳擊教練丹下段平，於是開始練拳擊，後來矢吹丈被送進少年感化院，經過一番曲折，最後打進世界錦標賽。

矢吹丈在這部作品中使用的必殺技是「交叉逆擊拳」，這是當對手出左（右）直拳時不要迴避，而是以自己的右（左）拳與對手的左（右）直拳交叉，直擊對手顏面的回擊招式。對手以左（右）直拳打過來時，力道會朝著自己這邊作用，這時候以回擊拳反擊，打擊力就會倍增。矢吹丈靠著這招交叉逆擊拳，接二連三打倒對手。

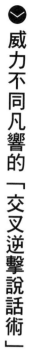

對手也知道矢吹丈擅長交叉逆擊拳，所以他們心想，只要不出左直拳就沒問題了，但無論如何還是會出拳，其中有一個祕密。

就是矢吹丈採用「無防禦戰術」，一般拳擊手會舉起雙手，擺出防禦顏面的姿勢，但是矢吹丈卻會垂下雙手，讓顏面處在無防禦的狀態，這時候對手就會忍不住對準矢吹丈的臉出拳，於是矢吹丈就可以用必殺技交叉逆襲拳反擊。

這招交叉逆襲，也可以用在對話中。

方法就是故意遺漏對方想要的事物，並對此保持沉默，使對方先提出要求，順勢讓對方答應我們的要求做為交換。

舉例來說，在銀行搶匪挾持人質，占據建築物時，警方希望他釋放人質，於是切斷建築物的水、電、瓦斯等維生管線，迫使搶匪提出「恢復水電、送入食物」的要求。這時候警方就可以立刻運用交叉逆襲，要求搶匪釋放人質中的老人與小孩做為交換。要求是對方主動提出來的，交叉逆襲提出的條件只是實現要求的回報，所以對方會較容易答應。

如果要將交叉逆襲應用在交涉中，必須讓對方輕易就能想到他容易要求的事項。此外，透過交叉逆襲提出的條件也必須事先就決定好。接著只要沉默等待對方提出要求，並在對方提出後，對他說：「我知道了，但是你必須答應某某條件做為交換。」交叉逆襲提出的條件就會容易通過。

交叉逆襲也有不同的用法。

譬如，希望把上司拉近公司計畫時，透過簡報製作企畫書，並向上司提出，這時候故意把標題欄位留白，使出「無防禦招式」。

上司當然會說：「喂，你漏掉標題了。」這就是左直拳，這時候你可以立刻施展出交叉逆襲。

「非常抱歉！我因為想不到好的標題而一直煩惱，結果就忘記寫上去了，您有沒有什麼好的想法呢？」

「這個嘛，某某計畫如何？」

「這個好，我就用這個標題了。」

這麼一來，上司就成為計畫的命名者，相當於一腳踏進這個計畫。或者就算不是標題，也可以故意遺漏部分內容，讓上司指出，藉此建立合作關係也是一種方法。

無論如何，交叉逆襲都需要周到的事前準備，最重要的是讓對方先開口，至於自己的要求，則是在對方開口前保持沉默。

傳達無論如何都說不出口的話

有些話必須告訴對方，卻往往「難以說出口」，尤其是膽小謹慎的人，更容易發生這樣的狀況。

或許也有一些人很難說出自己的要求，像是「談生意時遲遲無法談價格」、「說不出漲價的需求」等，這時候有一個方法，就是「閉上嘴巴，遞出文件」。

換句話說，就是把需求製成書面交給對方，這麼一來，即使沉默，也能讓對方知道我們想要告訴他的事情。「條件都寫在這份文件上了，請您過目。」就算是膽小謹慎的人，也說得出這句話吧！

我認識的幾位業務員，都靠著使用書面文件，成功完成漲價之類的困難交涉。

此外，製成書面也有讓人覺得「這件事情已成定案」的效果。

舉例來說，在會議或交涉時，「以什麼樣的順序」、「討論什麼事情」，有時候具有重要的意義。尤其是交涉，一般而言，有很多事情需要討論，如價格、交期、保證、罰則等，自己在交涉中占據優勢或劣勢，有時候也會受到交涉的順序影響。這時候，先準備好記載「一、關於交期；二、關於保證……」等議題的文件，在交涉開始前，把文件交給對方，並且告知：「我把今天必須討論的問題整理成文件了，請您過目。」這麼一來，理所當然就能營造之後的交涉必須依照這個順序進行的氣氛，會議也一樣。

此外，書面也能有效應用在口頭傳達容易引起誤解的情況，或是希望對方可以反覆多讀幾次，以便正確理解的情況。光憑口頭傳達，事情就會直接依照當場的理解進行。這麼一來，就可能會在進行中產生誤解。有時候在文件上記載正確的事項，依此進行說明，並反覆閱讀，更能促進彼此的理解。

而且製作成文件，還能防止日後爭論到底是有說還是沒說的狀況。「×月×日

難以開口的事情、口頭傳達容易產生誤解的事情，
就使用書面表達。

交給您的文件中是這麼寫的」，將成為強而有力的證據。

由此可知，書面有時候比口頭傳達更有效，這時候可以考慮使用「自己閉嘴，讓書面傳達」的方法。

但是，這種方法只限用於書面的效果優於口頭傳達的情況下。

舉例來說，必須當面道歉時，最好避免因為自己的任性而使用書面，好比「不想傷害自尊心，所以就用書面解決」，這麼一來將會導致反效果。

反駁先從同意開始

想和溝通的對象吵架非常簡單。

只要全盤否定、批評他說的事就可以了。

相反地，如果不希望被對方討厭，就必須與對方口徑一致。尤其在工作上和重要的客戶談話時，即使並非自己的本意，也經常必須贊成對方的意見。

但是除了這些特殊情況外，在日常生活的對話中，也常會發生與對方意見不同，需要表達反對意見的情況。也有人認為，遇到這種情況時，必須「清楚表達自己的意見」。確實也有人不管對象是誰，總是能清楚地說出自己的意見，不過這麼做的人，在日本應該屬於少數吧！尤其如果面對的是上司、長輩，都會盡量避免破壞對方的心情，不要掀起波瀾。

如果你即使身處於這樣的場合，還是覺得應該說出自己的意見，這時候應該怎麼做才好？

這時候可以採取的方法是：**①同意**；**②發問**；**③提出其他意見**。

首先，在對方表達意見後，同意對方說得沒錯。但是如果自己有同樣的意見，可以針對對方意見中的不合理之處提出問題。譬如，「您說得沒錯。（沉默）但是如果遇到這種情況，又該如何呢？」接著指出不合理的部分，以彼此的認知為基礎，討論「那麼，這樣的方法可行嗎？」等等，採取兩人共同導出新想法的方式。

舉例來說，假設上司說：「我打算在販售這項商品時，贈送試用的化妝品，並且在宣傳時強調這一點。」但是你卻覺得「這份商品只要強調本身的優點就能賣出，附上贈品反而會造成反效果」，這時候你可以先同意「這個主意真不錯」，接著暫時

如果想要反駁對方的意見，
依照①同意；②發問；③提出其他意見的步驟，就不會傷感情。

沉默，而後再以對方的意見為前提，針對不合理的部分提出問題，「但是我想也有一定數量的消費者，覺得『我不需要化妝品，送給我也不會用』，如果想要打動這些人，該怎麼做才好呢？」而後再舉出一些不合理的地方，把話題導向自己想要的結論：「這樣的話，乾脆一開始先不要附上贈品，如果購買的人想要試用的化妝品，請對方寄回函明信片索取，我們再寄給對方如何？」

這麼做的話，上司會因為①部下原本同意自己的意見，所以自尊心不會受傷。此外，②即使部下提出反對的意見，也是以自己的意見為前提，兩人互相提出新想法，最後創造出新方法，所以並不是自己的意見遭到否定，也不會覺得沒面子。

使用這個方法，就能在不損及對方面子、不造成對方不悅的情況下，說出反對的意見。

寫給依然害怕沉默的你

本書即將進入尾聲了。

我想，大家都已經理解沉默的有效性。接下來，就看你能不能有效運用沉默，取得良好的溝通。

因為如果不付諸實行，或是實踐時自作聰明，即使讀了書，也無法活用這些方法。

習慣以說話來溝通的人，或許會對沉默這個反其道而行的方法心生抗拒。但是我堅信，與說話相比，運用沉默，傾聽對方，更能提升溝通品質。

單方面表達意見，只有在想要駁倒對方，或是破壞與對方的關係時，才能發揮效果。

即使如此，人們依然覺得沉默難以忍受。所以在這裡，我希望重新思考人們害怕沉默的原因。

一、坐立難安

人們之所以會害怕沉默，或許是因為「坐立難安」吧！為了解除這種坐立難安的狀況，忍不住變得多話。

你已經學會透過沉默來溝通，但是不懂得利用沉默溝通的人，或許會覺得你的沉默讓他坐立難安。除了向對方施加壓力的沉默外，露出讓對方容易開口的表情相當重要。

二、覺得好像心情不好

如果對方一直保持沉默，你可能會覺得他「好像心情不好」。習慣透過語言來溝通的人，會以為「沉默＝不想說話＝心情不好」，但是大家已經知道，「沉默＝正在思考」的情況比比皆是。此外，讀了本書的你，想必能夠遊刃有餘地熟練使用沉默。

當然，對方沉默也可能真的是因為心情不好。如果你顯然說了讓對方不高興的事，就誠實地道歉吧！

有些人很難看得出來不說話是正在思考，還是心情不好，要是真的搞不清楚，可以試著詢問：「我是不是說了什麼讓你不高興的話？」有些人說不定會乘勝追擊地反問道：「你連我生氣的理由都不知道嗎？」如果真的搞不清楚，可以先針對理解不足這一點道歉。

話說回來，只有在一種場合中，會出現無效的沉默。

這種「無意義的沉默」確實最好應該避免。所謂無意義的沉默，就是彼此都無事可做的沉默，像是兩個感情沒有特別好的人一起去迪士尼樂園，在漫長的排隊時間中，沒有任何對話的狀況，這樣的狀況真的會讓人坐立難安。

這時候，閒聊的技巧就能帶來幫助。市面上也有各種介紹閒聊技巧的書籍，可以閱讀這些書籍，先準備好話題。不過，這樣的狀況不會經常遇到，或許也能靠著「不在意沉默的人就不會在意，所以自己也不要耿耿於懷」的想法撐過去。

閉口不言的風險

有效使用沉默雖然能讓溝通更順暢，但也不是「只要閉嘴就好」。

在這裡，請大家想想看自己保持沉默的風險。

最大的風險就是，沉默會讓別人誤會你：

- 看起來好像心情不好
- 看起來很難相處
- 被以為是不知道在想什麼的人

所以沉默時，必須注意避免露出陰鬱的表情。除非沉默的目的是在交涉中勝出，否則就應該同時露出笑容。

能夠成為溝通基礎的，終究是好感與信賴。為了獲得對方好感與信賴，信任對方、抱持著好感與對方接觸相當重要。

沉默有被誤會的風險，所以最重要的是不能忘記體貼對方。

最近經常發生因為說太多話而造成的溝通錯誤，所以我才會傳授大家透過沉默讓溝通更順利的方法。

如果本書傳授的內容能夠普及，把沉默當成手段運用的狀況就會被對方看穿。

所以請大家不要忘記，沉默只是贏得好感與信賴的溝通方法。

打造創造性的解決策略

①同意；②發問；③提出其他意見的手法，不一定要在表達與對方相反意見時使用。除了應用在與對方交涉外，也可以用在希望與對方一起想出更好的方法，或是多人討論的會議中。

這個手法就是運用彼此的智慧，邁向創造性世界的對話。

對話時，自己先要閉口不言，傾聽對方說話，試圖完全理解對方表達的內容，並且確認自己聽懂對方的意見。接著，針對對方的意見提問，評估意見的優缺點。以此為基礎，彼此思考是否有更好的方案。最後，就可能會得到比原本更好的想法。

舉例來說，有一個故事是這樣的。

有一位剛獨立開業的稅理士，想要為自己經營的稅理士事務所建立網站，於是委請製作網站的業者報價。業者提報的費用是一百萬日圓，但是他現在只拿得出五十萬日圓，希望費用再便宜一點，於是和業者交涉。然而，這個價格對業者而言也已經很吃緊了，所以業者就對他說：「分期付款也無所謂，總之，還是希望你支付一百萬日圓。」可是稅理士也才剛剛創業，收入並不穩定，就算分期付款，也不知道能否付清。

於是，稅理士想要更了解這位業者，便開始提出問題。他問了很多之後，發現對方也才剛剛獨立創業，為了找客戶而吃了不少苦頭，所以無論如何都無法把價格壓到一百萬日圓以下。

於是，稅理士提出以下的方案。

「你看這樣如何？我先支付五十萬日圓給貴公司。我是稅理士，認識很多中小企業的老闆，我想其中也有一些公司想做網站。我會把這些公司介紹給你，如果對方的網站委託貴公司製作，我會針對每件收十萬日圓的介紹費。而這十萬日圓就用來折抵這一次製作網站的費用。如果我能介紹五家公司，這一次的費用就算付清了，要是一年後還有餘款，到時候我會全額支付。」

業者畢竟還是想要接下這一次的案子，而且最終依然能夠收回所有的款項，所以就無異議地同意這個方法。

最後結局如何呢？

稅理士完成一個漂亮的網站，而且透過這個網站，接下好幾份顧問的委託；而他擔任顧問的公司如果想要製作網站，就會把老闆介紹給業者，回收網站製作的費用。後來，稅理士還是不斷向業者介紹想要製作網站的人，收取介紹費，而業者也因為得到介紹，營收不斷提升。

稅理士為了解決問題，保持沉默，努力理解對方的立場，絞盡腦汁地思考「創造性的解決策略」，最後得到更好的解決方法。

沉默後讓問題迎刃而解的五個關鍵

*人際關係的煩惱有許多來自無法順利溝通，原因多半在於對溝通的理解不足，因此必須傾聽對方說話，理解對方的想法，接著一同導引出共同的結論，而不是擅自推導出自己的解決方法，不顧對方。

*讓對方聽自己說話的訣竅就是，在自己說話前，先仔細傾聽對方說話，並且傳達理解，對方就會因為想說的話已經說完了，有心情也能專心地聽你說。

*把問題與自己的意見控制在七比三的比例，讓問題占對話的大部分，能讓交涉更容易取得共識，如果想驅動他人，就要

等對方願意採取行動，而不是一廂情願地強迫對方。

＊交叉逆襲法就是故意遺漏對方想要的事物，並保持沉默，使對方主動提出要求，順勢答應我們的要求做為交換，不過要採取這個方法必須事前準備周到。

＊善用書面資料傳達無法說出口的話，這樣不僅會讓對方覺得事情已成定案，也可以避免口頭傳達引發誤解，更能成為日後產生爭議時的強力證據。

參考文獻

1 『風姿花伝』（世阿弥、市村宏訳注、講談社學術文庫、二〇一一年）。
2 『自己プロデュース力』（島田紳助、ワニブックス、二〇〇九年）。
3 『間抜けの構造』（ビートたけし、新潮新書、二〇一二年）。
4 『スティーブ・ジョブズ　驚異のプレゼン』（カーマイン・ガロ、日経BP社、二〇一〇年）。
5 『カーネギー話し方入門　文庫版』（デール・カーネギー、創元社、二〇一六年）。
6 『五輪書』（宮本武蔵、鎌田茂雄訳注、講談社學術文庫、一九八六年）。

7 『兵法家伝書　―付・新陰流兵法目録事』（柳生宗矩、渡辺一郎校注、岩波文庫、二〇〇三年）。
8 『新訂　孫子』（金谷治訳注、岩波文庫、二〇〇〇年）。
9 『プロカウンセラーの聞く技術』（東山紘久、創元社、二〇〇〇年）。
10 『マンガで分かる心療内科16　うつを軽いうちに改善する方法』（ソウ／ゆうきゆう、少年畫報社、二〇一八年）。
11 『嫌われる勇気』（岸見一郎／古賀史健、ダイヤモンド社、二〇一三年）。
12 『「しゃべらない営業」の技術』（渡瀬謙、ＰＨＰビジネス新書、二〇一〇年）。
13 『ザ・コピーライティング』（ジョン・ケープルズ、神田昌典監修、ダイヤモンド社、二〇〇八年）。
14 『第3の案　成功者の選択』（スティーブン・Ｒ・コヴィーほか、

キングベアー出版、二〇一二年)。
15 『話を聞かない男、地図が読めない女　——男脳・女脳が「謎」を解く』(アラン・ピーズ/バーバラ・ピーズ、主婦の友社、二〇一五年新装版)。
16 『人は見た目が9割』(竹内一郎、新潮新書、二〇〇五年)。
17 『やっぱり!　「モノ」を売るな!　「體験」を売れ!』(藤村正宏、実業之日本社、二〇一二年)。
18 『「いい質問」が人を動かす』(谷原誠、文響社、二〇一六年)。
19 『人を動かす　文庫版』(デール・カーネギー、創元社、二〇一六年)。
20 『影響力の武器 [第三版]　なぜ、人は動かされるのか』(ロバート・B・チャルディーニ、誠信書房、二〇一四年)。

新商業周刊叢書　BW0733

比對話更關鍵的留白溝通術

急著開口反而錯失機會，
掌握「對話中的沉默」才能掌握人心！

原文書名／「沈黙」の会話力
作　　者／谷原誠
譯　　者／林詠純
企劃選書／黃鈺雯
責任編輯／黃鈺雯
編輯協力／蘇淑君
版　　權／黃淑敏、翁靜如、吳亭儀
行銷業務／莊英傑、周佑潔、黃崇華、王瑜

國家圖書館出版品預行編目(CIP)數據

比對話更關鍵的留白溝通術：急著開口反而錯失機會,掌握「對話中的沉默」才能掌握人心！/ 谷原誠著；林詠純譯. -- 初版. -- 臺北市：商周出版：家庭傳媒城邦分公司發行, 民109.02
面；　公分. --(新商業周刊叢書；BW0733)
ISBN 978-986-477-783-9(平裝)

1.說話藝術 2.口才 3.溝通技巧

192.32　　108022982

總 編 輯／陳美靜
總 經 理／彭之琬
事業群總經理／黃淑貞
發 行 人／何飛鵬
法律顧問／台英國際商務法律事務所
出　　版／商周出版　臺北市中山區民生東路二段141號9樓
電話：(02)2500-7008　傳真：(02)2500-7759
E-mail：bwp.service@cite.com.tw
發　　行／英屬蓋曼群島商家庭傳媒股份有限公司　城邦分公司
台北市104民生東路二段141號2樓
電話：(02)2500-0888　傳真：(02)2500-1938
讀者服務專線：0800-020-299　24小時傳真服務：(02)2517-0999
讀者服務信箱：service@readingclub.com.tw
劃撥帳號：19833503
戶名：英屬蓋曼群島商家庭傳媒股份有限公司城邦分公司
香港發行所／城邦(香港)出版集團有限公司
香港灣仔駱克道193號東超商業中心1樓
電話：(825)2508-6231　傳真：(852)2578-9337
E-mail：hkcite@biznetvigator.com
馬新發行所／城邦(馬新)出版集團
Cite (M) Sdn Bhd
41, Jalan Radin Anum, Bandar Baru Sri Petaling,
57000 Kuala Lumpur, Malaysia.
電話：(603)9057-8822　傳真：(603)9057-6622　email: cite@cite.com.my

封面設計／萬勝安　內文設計暨排版／無私設計・洪偉傑　印　刷／韋懋實業有限公司
經 銷 商／聯合發行股份有限公司　電話：(02)2917-8022　傳真：(02) 2911-0053
地址：新北市231新店區寶橋路235巷6弄6號2樓

ISBN／978-986-477-783-9　
定價／300元

城邦讀書花園
www.cite.com.tw

2020年（民109年）2月初版
Original Japanese title: ""CHINMOKU"" NO KAIWARYOKU

Original Japanese edition published by Forest Publishing Co., Ltd.
Traditional Chinese translation rights arranged with Forest Publishing Co., Ltd.
through The English Agency (Japan) Ltd. and AMANN CO., LTD, Taipei

商周出版

廣　告　回
北區郵政管理登記
台北廣字第000791
郵資已付，免貼郵

104台北市民生東路二段141號2樓
英屬蓋曼群島商家庭傳媒股份有限公司　城邦分公司

請沿虛線對摺，謝謝！

商周出版

書號：BW0733　　**書名：**比對話更關鍵的留白溝通術

請於此處用膠水黏貼

商周出版

讀者回函卡

感謝您購買我們出版的書籍！請費心填寫此回函卡，我們將不定期寄上城邦集團最新的出版訊息。

不定期好禮相贈！
立即加入：商周出版
Facebook 粉絲團

姓名：＿＿＿＿＿＿＿＿＿＿ 性別：□男 □女

生日：西元＿＿＿＿年＿＿＿＿月＿＿＿＿日

地址：＿＿＿＿＿＿＿＿＿＿

聯絡電話：＿＿＿＿＿＿ 傳真：＿＿＿＿＿＿

E-mail ：

學歷：□ 1. 小學 □ 2. 國中 □ 3. 高中 □ 4. 大學 □ 5. 研究所以上

職業：□ 1. 學生 □ 2. 軍公教 □ 3. 服務 □ 4. 金融 □ 5. 製造 □ 6. 資訊
□ 7. 傳播 □ 8. 自由業 □ 9. 農漁牧 □ 10. 家管 □ 11. 退休
□ 12. 其他＿＿＿＿＿＿

您從何種方式得知本書消息？

□ 1. 書店 □ 2. 網路 □ 3. 報紙 □ 4. 雜誌 □ 5. 廣播 □ 6. 電視
□ 7. 親友推薦 □ 8. 其他＿＿＿＿＿＿

您通常以何種方式購書？

□ 1. 書店 □ 2. 網路 □ 3. 傳真訂購 □ 4. 郵局劃撥 □ 5. 其他＿＿＿＿

您喜歡閱讀那些類別的書籍？

□ 1. 財經商業 □ 2. 自然科學 □ 3. 歷史 □ 4. 法律 □ 5. 文學
□ 6. 休閒旅遊 □ 7. 小說 □ 8. 人物傳記 □ 9. 生活、勵志 □ 10. 其他

對我們的建議：＿＿＿＿＿＿＿＿＿＿

【為提供訂購、行銷、客戶管理或其他合於營業登記項目或章程所定業務之目的，城邦出版人集團（即英屬蓋曼群島商家庭傳媒（股）公司城邦分公司、城邦文化事業（股）公司），於本集團之營運期間及地區內，將以電郵、傳真、電話、簡訊、郵寄或其他公告方式利用您提供之資料（資料類別：C001、C002、C003、C011 等）。利用對象除本集團外，亦可能包括相關服務的協力機構。如您有依個資法第三條或其他需服務之處，得致電本公司客服中心電話 02-25007718 請求協助。相關資料如為非必要項目，不提供亦不影響您的權益。】

1.C001 辨識個人者：如消費者之姓名、地址、電話、電子郵件等資訊。
2.C002 辨識財務者：如信用卡或轉帳帳戶資訊。
3.C003 政府資料中之辨識者：如身分證字號或護照號碼（外國人）。
4.C011 個人描述：如性別、國籍、出生年月日。

請於此處用膠水黏貼